新しいエネルギー社会への挑戦

近久武美 著

［原発との別れ］

北海道大学出版会

はじめに――進む世界終末時計

最近は頻繁に大型台風が発生するほか、集中豪雨や大きな竜巻が起こったりするのは珍しくなくなった。こうした異常気象は化石燃料の大量使用による地球温暖化と関係している可能性が高い。一方、二〇一一年三月一一日に東北地方太平洋沖地震にともなって福島第一原子力発電所事故が発生した。さらに、二〇一八年九月六日には北海道で地震による大規模停電（ブラックアウト）が発生した。最近は大規模な地震が頻発しており、このように集中した大型発電所のもろさがしだいに露呈し始めている。

福島第一原子力発電所事故が発生するまで、日本では原子力ルネサンスと称して、一部の不安を無視しながら原子力発電依存を進めていたなかで、あの悲惨な事故が起こった。それから八年もの歳月が経過したにもかかわらず、事故炉内の溶融燃料の撮影すらままならず、事故の後処理は遅々として進まない状態にある。こうした状況にもかかわらず、原子力発電事故はアンダーコントロール状態にあると宣伝され、大事故の反省すらないまま、再び原発必要論が随所に復活している。

一方、地球温暖化は危機的状態になりつつある。アルプスの氷河は一〇〇年前に比べて半減しており、シベリアやアラスカの永久凍土が融解して、これまで閉じ込められていた炭酸ガス（CO_2、二酸化炭素ともいう。本書では以降、炭酸ガスまたは二酸化炭素と表現する）が大気中に放出され、温暖化を加速しつつある。こうした地球温暖化によって巨大化している異常気象をくい止めるには、温暖化の原因とされる化石燃料の使用を抑制し、自然エネルギーを含む再生可能エネルギーが主体となった社会をできるだけ早期につくりださなければならない。ところが、二〇一七年に第四五代アメリカ合衆国大統領に就任したドナルド・トランプは地球温暖化防止を目指したパリ協定を破棄し、石炭火力やシェールガス開発を推進し始めた。その結果、米国科学誌'*Bulletin of the Atomic Scientists*'は人類滅亡までの時間「世界終末時計」[1]が三〇秒早まり、滅亡まで残り二分三〇秒になったと発表した。

この化石燃料依存と原子力発電依存にはひとつの共通点がある。そのいずれもが次世代にツケを回してでも現代の繁栄を維持しようとする点である。すなわち、次世代に地球温暖化による被害や放射性廃棄物を残してでも、現在のエネルギー価格を安くして刹那的な経済繁栄を求めようとしているのである。それにもかかわらず、経済の方は世界的に閉塞感が漂い、豊かさを謳歌するどころか保護主義へと移行しつつある。

こうした事実はこれまで前提としていた価値観、すなわち経済発展のためにはエネルギー価格が安くなければならないという考え方に誤りがあることを示している。その一例として、原子力発電所の停止によってこの八年間にエネルギー価格は確かに上がっているが、それが経済成長の足かせにはなっていない。同様な誤りとして、私たちはＧＤＰ（国内総生産）を常にプラス成長することが国民の幸福につながると考えている。しかし、一九八〇年に比べて二〇一〇年のわが国の実質ＧＤＰは一・九倍になっているにもかかわらず、失業率は二・五倍、自殺率は一・五倍に増加しているのである(第四章参照)。こうした事実は私たちが当然と思っている経済と幸福の関係を、改めて検討する必要を示唆している。しかも、これからはロボットやＩＴが発達し、失業のリスクがいっそう大きくなる可能性がある。

本書は地球環境問題やさまざまなエネルギー技術を紹介しながら、経済ならびに人間の幸福について考え、今後の世界が進むべき方向について論じようとするものである。そして、自然エネルギーをベースとした社会を築くことは不可能ではないばかりか、むしろ経済発展と同時に多くの国民を幸福にでき、国力強化のチャンスにできることを示そうとするものである。一般の読者の方々も興味をもって読んでいただけるように、専門用語をできるだけ使わずにわかりやすくまとめたつもりである。今後の社会形成のあり方について共に考える材料になれば幸いである。

二〇一九年一月一一日

近久　武美

目次

目　次

第一章　迫りくる地球崩壊の兆し

気温の急上昇

最近、頻繁に大型の集中豪雨が発生したり、大きな竜巻が起こったり、巨大な台風が発生したりしている。さらに、冬の雪国で突然大雪が降ったかと思うと気温が上がり、雨が降ったりするようになっている。アフリカや中央アジアでは砂漠が拡大しており、北極海の氷はどんどんと縮小して、近いうちに北極海航路ができるといわれている。なんだか世界的に気候がおかしくなっているようだ。また身近な生物界においても、水揚げされる魚の種類が変化していることや、南にしかいなかった蚊の生息地域が北上していることなどが報じられている。

図1は木の年輪などから推定された、過去一〇〇〇年にわたる地球の平均気温の変化である(2)。上下に波打った変動はあるものの、概して徐々に低下してきていたものが、突然一九〇〇年ころから温度が急上昇していることがわかる。この形がアイスホッケーのスティックに似ていることから、ホッケースティックと呼ばれている。これはまさに前述した私たちの感覚と合致している。

この気温上昇の事実を否定する研究者は少なく、ほとんどの研究者は温暖化していることを認めている。しかし、その原因についてはさまざまな意見がある。産業革命以来、化石燃料の利用が始まり、その燃焼ガスである二酸化炭素が大気中に増えた結果、温暖化したとする説がひとつである。図2は過去一〇〇〇年にわたる地球大気中の二酸化炭素濃度の変化を示したグラフである。最近の二〇〇年間では、明らかに二酸化炭素濃度が上昇していることはまぎれも

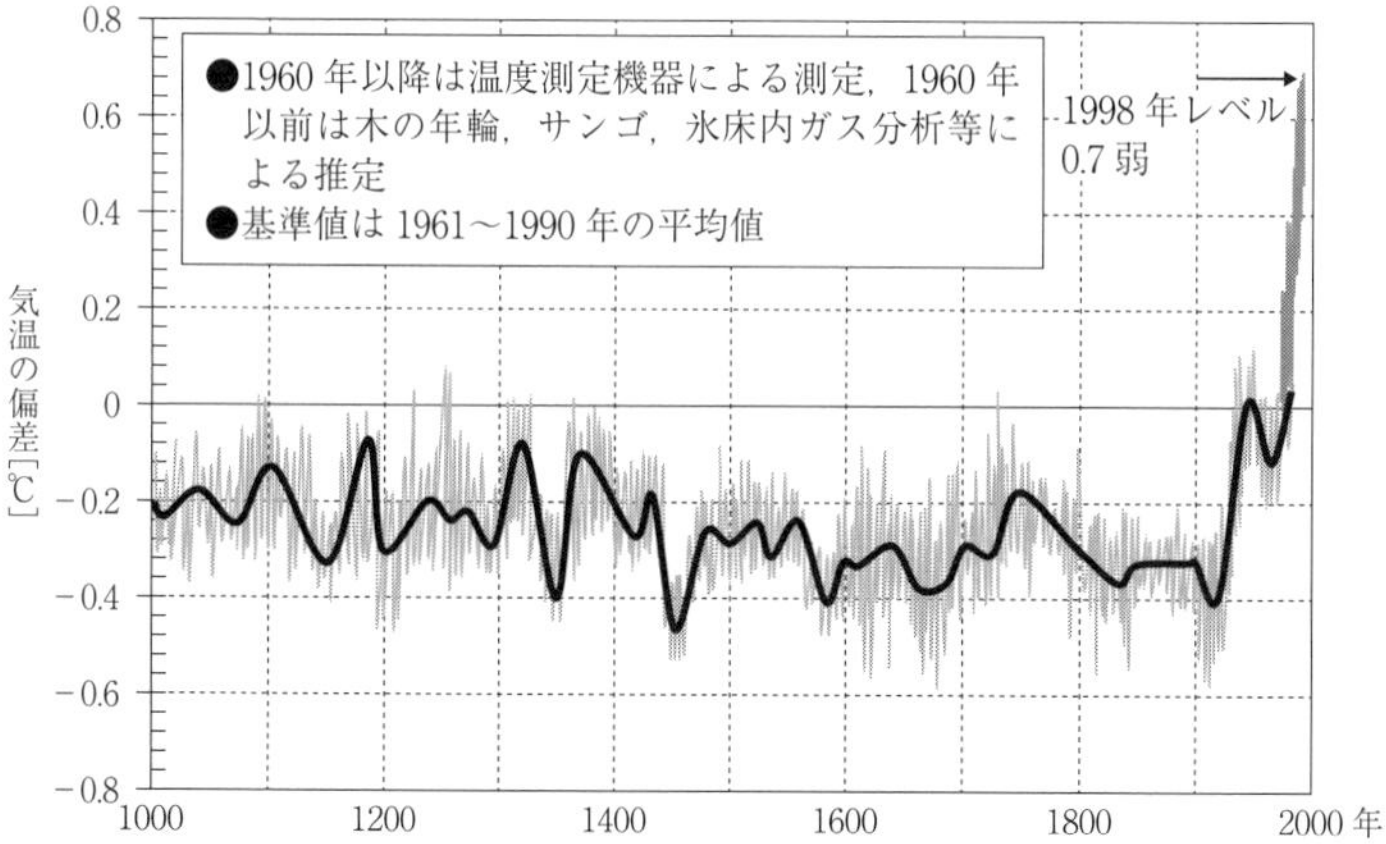

図 1　過去 1,000 年間の世界平均気温変化（IPCC，2001/Houghton *et al.* を基に作成）(2)

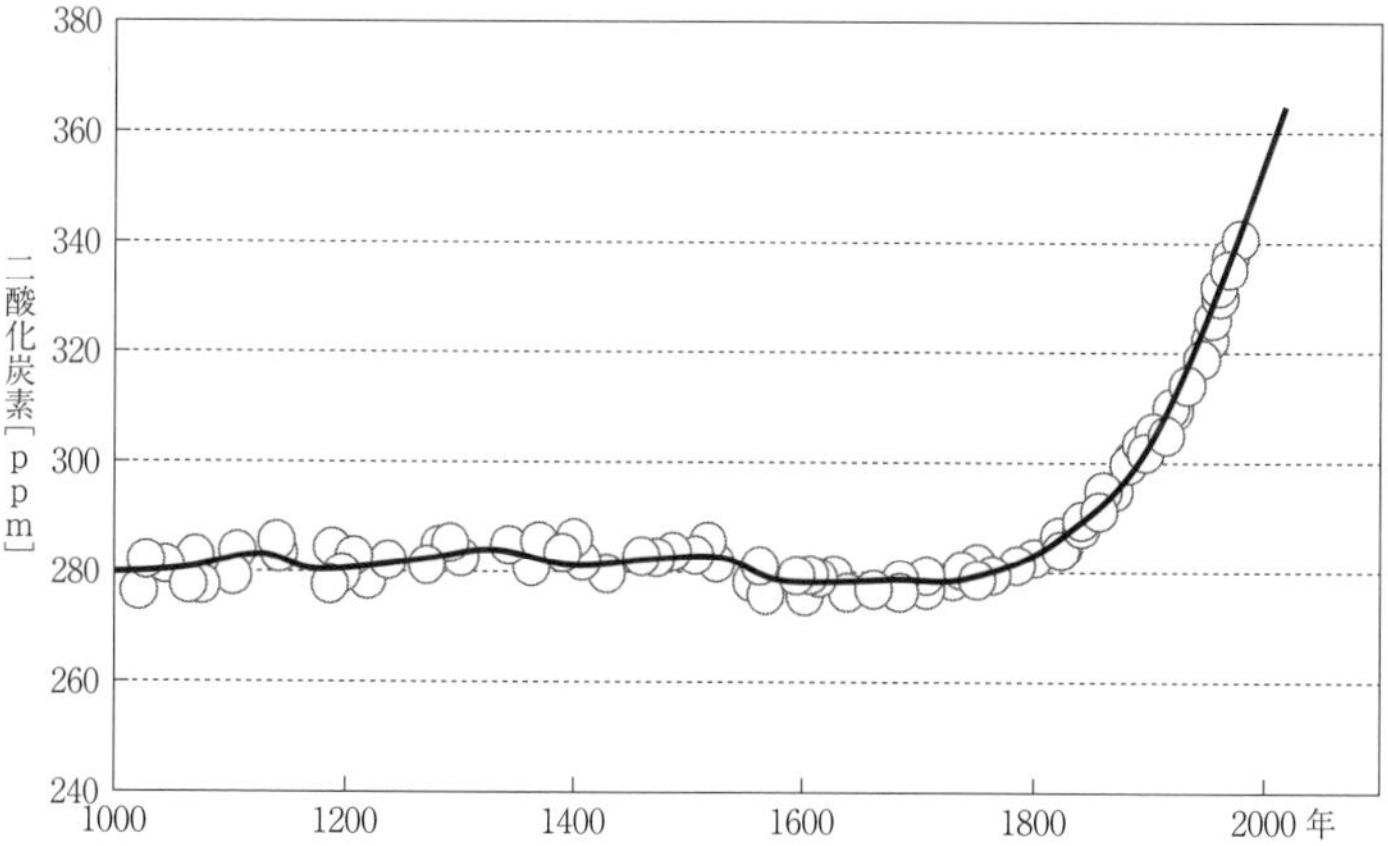

図 2　過去 1,000 年間の大気中二酸化炭素濃度の変化（IPCC，2001/Houghton *et al.* を基に作成）(2)

ない事実である。二酸化炭素は後述するように温室効果ガスと呼ばれ、気温を上昇させる作用がある。この説によると、人間の活動が地球温暖化を引き起こしていることになり、この気温上昇を止めるには化石燃料の利用を削減しなければならない。これに対して、この気温上昇は太陽活動の変化によるものであり、人間活動にともなう二酸化炭素排出とは無関係であるとする説がある。太陽の黒点が変化しており、これによって地球の気温が上がったのであって、人間の活動によるものではないというのである。

これまで三〇年以上にわたって地球温暖化原因の論争がなされてきており、いまだに明確に決着がついたとはいえない。しかし、現在は多くの研究者が温室効果ガスの増加が地球温暖化の原因であると考えるようになっている。それでもなお、これを否定する人が多く存在しており、トランプ大統領などはその典型的な一人といえる。ただし、このどちらの説を支持するかによって、これからの人間の行動がまったく異なったものとなり、その結果によっては地球にとって取り返しのつかないような変化をもたらすことになる。地球温暖化に対する私たちの対応はきわめて重大な問題なのである。なお参考までに、この気候変化の分析と今後の社会影響を詳細に分析した貴重な資料のひとつに、一九八九年発行の米国ＥＰＡ（環境保護局）による報告書がある。(3)

地球大気の歴史

四〇億年前の太古の地球は高濃度の二酸化炭素に覆われ、現在よりもかなり高温であったと

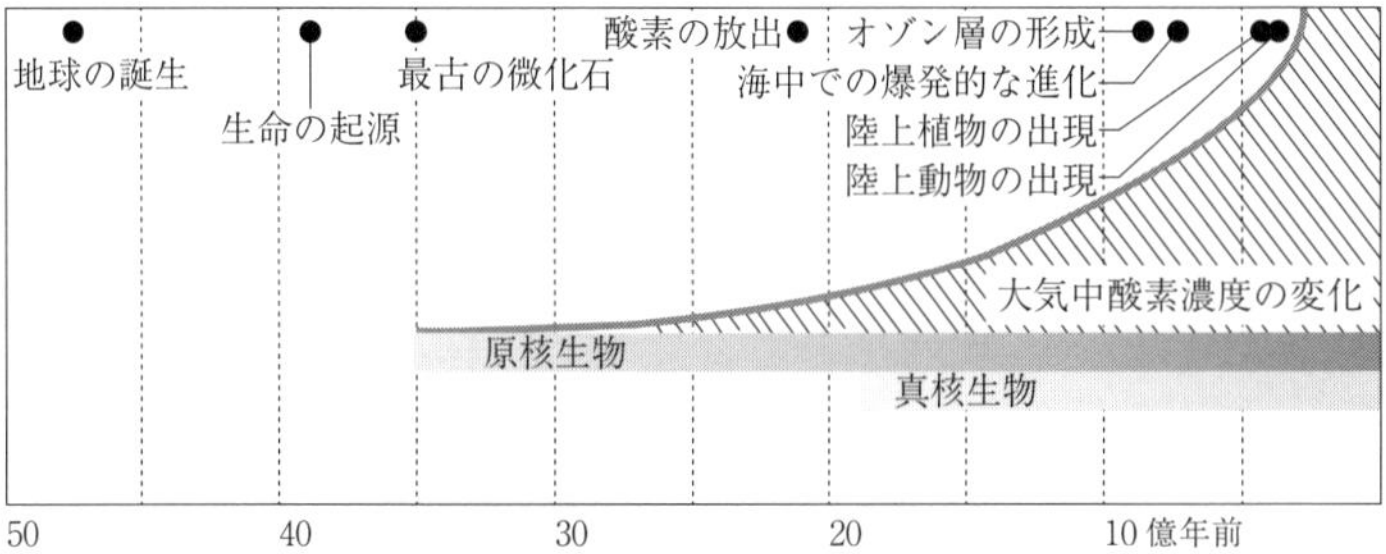

図3　地球誕生後の酸素濃度変化(ニュートン別冊，1989 を基に作成)[4]

いう[4]。時間の経過とともに、図3に示されるように太陽エネルギーを使ってこの二酸化炭素を分解して自身の栄養とする生命体が出現した。その生物がつくりだす酸素は最初に海水中に多量に含まれる鉄イオンと結合し、これが海底に徐々に蓄積して鉄鉱床がつくられた。海水中に鉄イオンが少なくなると、海水中の溶解酸素濃度が徐々に増加し、やがてこの酸素を呼吸して生きる水中生物が出現するようになった。海中植物の増加とともに酸素の放出はさらに増えた。そして、大気中にも酸素があふれでて、大気中の酸素濃度が徐々に増加するようなった。するとこの酸素が太陽エネルギーによって活性化され、オゾン層を形成するようになった。それまで陸上に有害な紫外線を含む太陽光線が直接降り注いでいたので、陸上には植物を含めていっさいの生物は存在していなかった。ところが、このオゾン層は太陽からの有害な紫外線を遮蔽する働きがあるので、しだいに陸上にも生物が進出できるようになった。そして、陸上にも植物が繁茂するようになり、ますます酸素の形成が加速するようになる一方、大気中の二酸化炭素濃度は徐々に減少していった。この間に二酸化炭素に含まれていた炭素は植物や生物に取りこまれ、それらが死骸となって地中に蓄積して石炭や石油に変化していった。こうした進化が四〇億年ほど続けられて、ようやく現在の地球環境が形成された。

こうした地球の歴史を知ると、二酸化炭素濃度の低い現在の大気は数十億年にわたる生物の活動によって形成された結果であることが理解できる。数十億年といわれてピンとくるだろうか。この間に、かつて一塊であった大陸が地殻活動によってちぎれ、それらが徐々に地球上を移動して、現在のように遠く離ればなれになってしまうだけの年月である。とにかく、気の遠くなるような年月を経てようやく形成された大気であることが理解いただけると思う。ところが、人類は産業革命以来のわずか数百年で地中に蓄積された炭素を燃焼させ、二酸化炭素の形で再び大気中に戻し、ようやく形成された貴重な大気をはるか昔の組成に戻そうとしているのである。こう考えると、大気の長い歴史に対する人類活動の影響はきわめて大きいといわざるをえない。

宇宙から見た地球の写真がある。[5] この距離から見ると大気の層はきわめて薄く、リンゴの皮程度にしか見えない。地上にいる我々からすると、大気は無限に大きく、少々問題のあるガスを放出しても容易に変化しないような錯覚をもつ。しかし、遠く離れて見るとその層は非常に薄く、脆弱である。このなかに二酸化炭素のような温室効果ガスを大量に放出したならば、短期間で地球がおかしくなってしまっても不思議ではない。

温暖化のメカニズム

化石燃料の燃焼によって生じる二酸化炭素やエアコンに入っているフロンガスは温室効果ガスと呼ばれており、図4に示すように温室のビニールのような働きをする。したがって、温室効果ガスが増加すると地球全体が温室のなかに入ったような状態となる。

では、ガラスやビニールで覆われた温室はなぜ暖かいのだろうか。温室は暖かいものと当たり前に思っているが、その理由を聞かれると〝はた〟と戸惑ってしまう人も多いであろう。太陽からくる光と地球から宇宙に放出される光とは性質が異なっており、ガラスやビニールは太陽からくる光の多くを通すものの、地球から宇宙に向けて放出されている光の一部は通さない。

図5は温度による光の強度の違いと、二酸化炭素および水蒸気の主たる光の吸収帯を示したものである。太陽の温度は約六〇〇〇K近くあるために、白色に近い短波長の光が多い。これに対して地球は温度が低い（約３００K）ために、人間には見えない長波長の赤外線が宇宙に放出されている。晴れた夜の明け方が冷えこんでいるのはこの放出される光によるものである。曇った夜の明け方の気温がそれほど下がらないのは、雲によって宇宙に逃げる光が遮られるためである。ガラスやビニールは太陽からくる光は通すものの、温室から逃げようとする光に対してはこの雲と同じような働きをして、光を遮る。二酸化炭素も同様であり、宇宙へ放出される赤外線の一部を吸収し、その何割かを地球に戻してしまう働きがある。地球の温度はこのエネルギーのバランスによって決まる。このため出ていくエネルギーが減少すると、バランスが

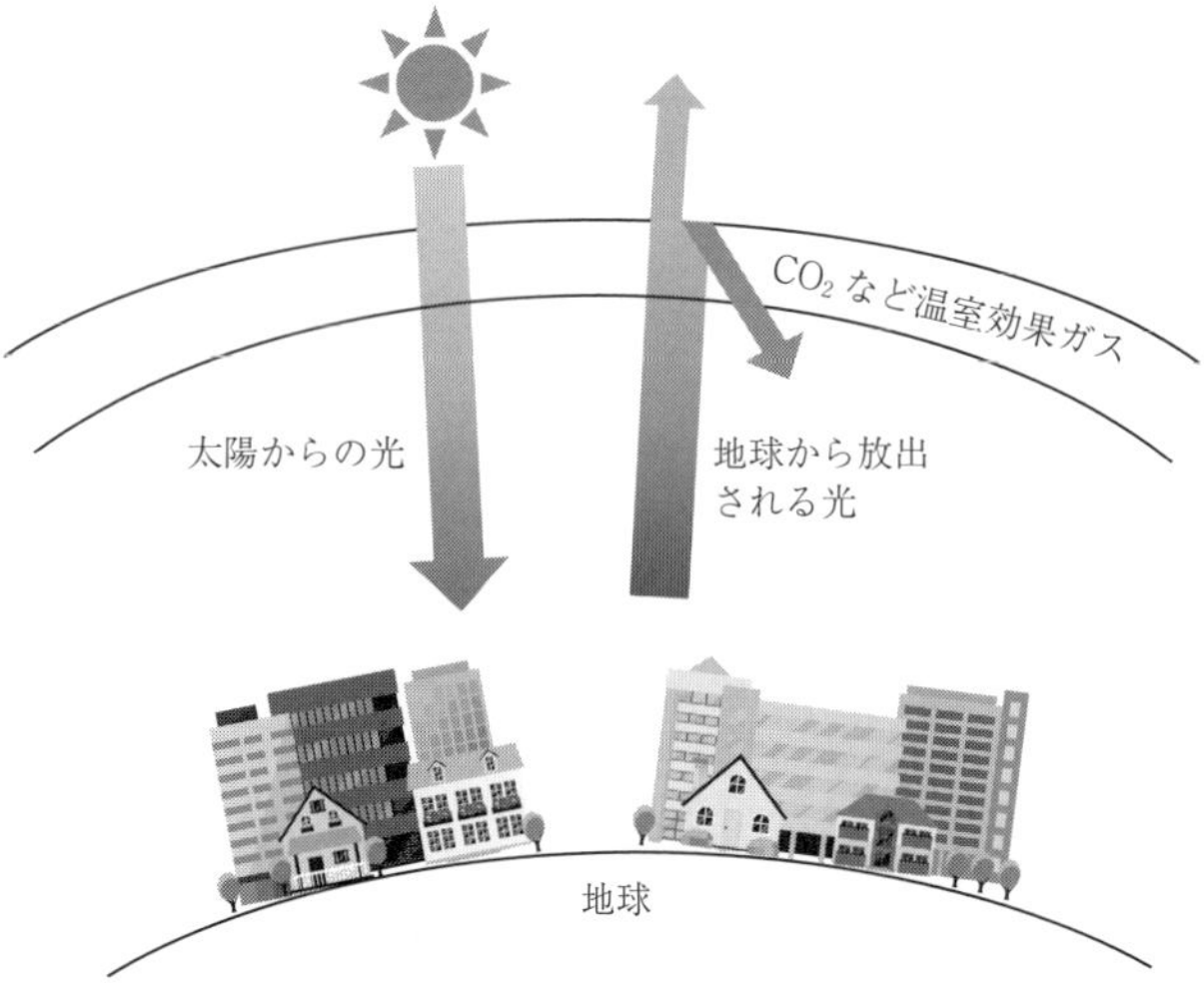

図4　温室効果メカニズム

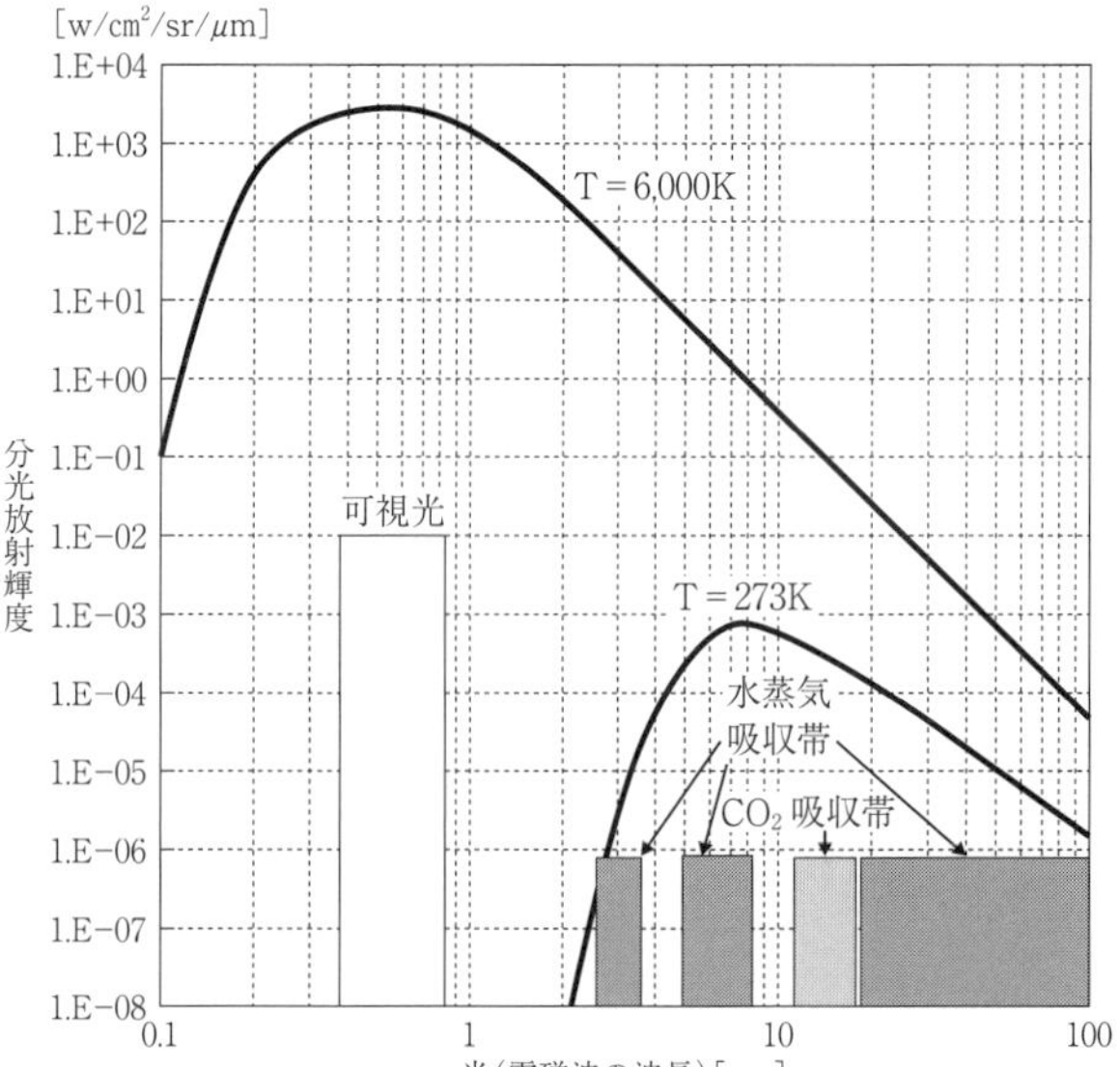

図5　物体からの発光スペクトル(ステファン・ボルツマンの式による放射強度曲線)と二酸化炭素および水蒸気の吸収スペクトル(引用文献(6)を参考に作成)[(6)]

とれる温度となるまで気温が上昇して落ち着くことになる。したがって、温室効果ガスが増加した場合には、程度の大小は別として平均気温は必ず上昇する。

水蒸気も二酸化炭素と同様な性質をもっており、図に示すように二酸化炭素よりもはるかに赤外線の吸収帯が広い。したがって、空気中には多量の水蒸気があるので、二酸化炭素の増加は水蒸気量と比べて問題にならないという人がいる。確かに二酸化炭素に比べて水蒸気の吸収効果の方が大きいことは正しい。しかし、二酸化炭素によってわずかに宇宙に逃げるエネルギー量が減少すると、当然それにバランスする温度分だけ気温は上昇することになる。すると、わずかの温度上昇で大気中の水蒸気濃度は大幅に増加することとなる(温度に対して水蒸気濃度は指数関数的に増加する)。したがって、わずかの二酸化炭素濃度の増加は最終的に大きな影響を及ぼすことになる。一℃の気温上昇でも地球温暖化の影響はきわめて深刻になるといわれているので、水蒸気に比べて量が少ないとはいっても二酸化炭素の増加影響が無視できないのは容易に想像できるだろう。

なお、参考までにここで日本の気候変化を紹介することにしよう。日本における過去一〇〇年間の気候変化は、気象庁による気候変動監視レポート[7]に報告されている。それによると、平均気温は一〇〇年で明らかに約一・五℃上昇しているほか、異常高温日数が増加していることが示されている。また、日降水量二〇〇㎜以上日数ならびに一時間降水量八〇㎜以上日数の増加が示されており、短時間に集中した豪雨の発生件数が増加している。ただし、雨の降る日数は減少しており、異常少雨月が増加している。したがって、雨の降る日が少なくなっている一方、降るときには土砂降りになることが示されている。このほか、桜開花日が早期化している一方、かえで紅葉日が明らかに遅くなっており、気温上昇と符合している。ただし、台風の強度や発生数に関しては明確な変化は認められていない。

何れにしても、世界的に気温が上昇しており、地球が温暖化していることは確かなようだ。

地球温暖化の脅威

では、地球温暖化が進行するとどのようなことが生じるのだろうか。地球温暖化によって海水温がわずかに上昇するだけで、大気中の水蒸気量は大幅に増加する。大気中に含むことのできる水蒸気量は気温に対して指数関数的に増加する(温度がわずかに上昇すると急激に大気中に許容できる水蒸気量が増える)ためである。そこに冷たい気流が流れこむと、空気中に含まれていた大量の水蒸気が凝縮し、豪雨が発生する。また、冬には海水温と大陸からの寒気団との温度差が増大するので、大気が不安定となり、非常に荒れた天候が頻繁に発生することになる。したがって、ここ数年の異常気象は当然のことであり、これからはこうした異常な気象がむしろ普通の気象として扱われるようになるだろう。

一方、海洋から離れた大陸内部では雨に乏しく、気温の上昇とともに水が盛んに蒸発して、大地はいっそう乾燥が進むことになる。そのために、世界的な規模で図6に示すような気候変動が生じる。まず、現在の砂漠地帯がさらに拡大し、アフリカ北部や中東、中国の内陸部、および米国の中央部には一段と砂漠が広がることになる。また、シベリアやカナダの針葉樹林帯

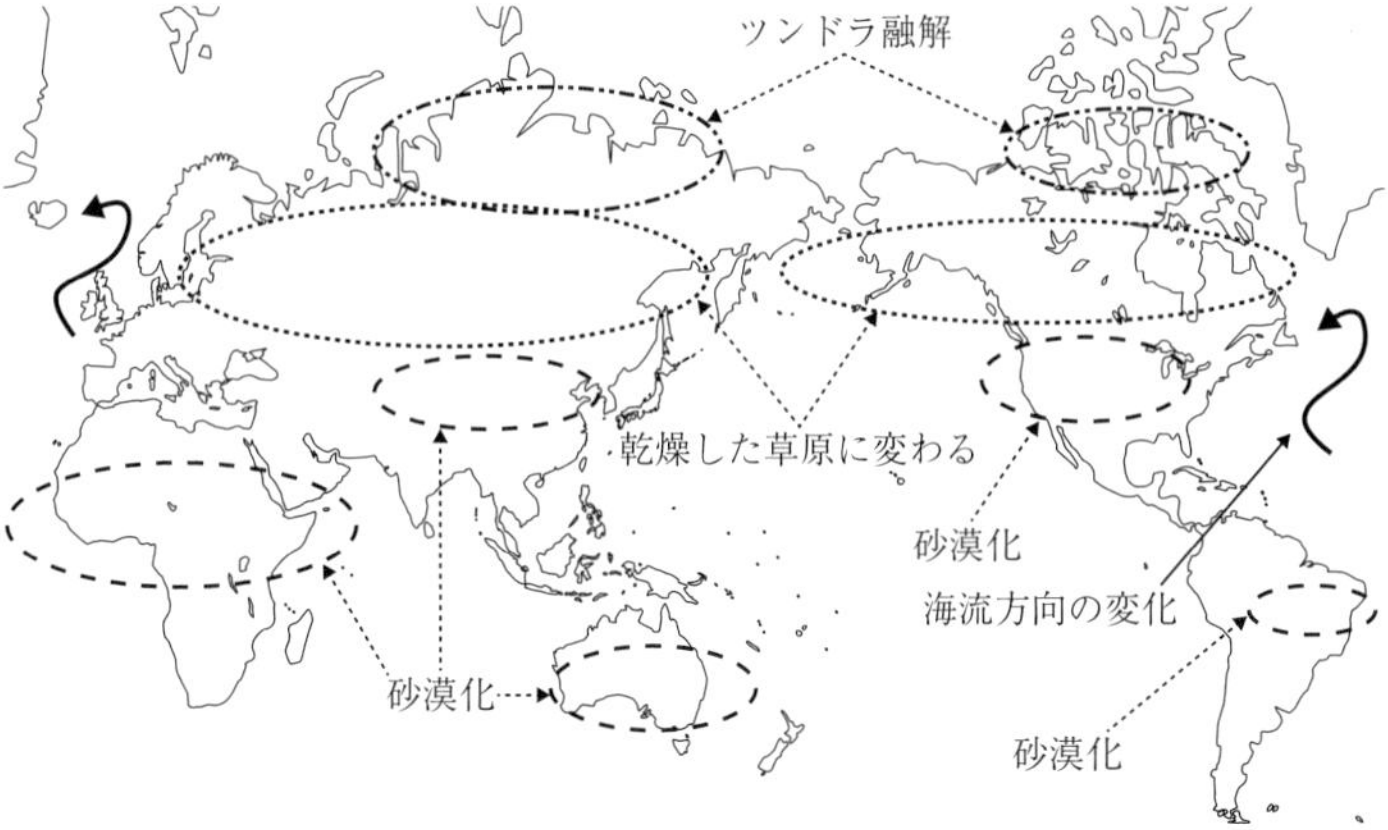

図６　地球温暖化がもたらす世界的環境変化

は草原に変わってしまう。現在、この針葉樹林帯は二酸化炭素吸収に大きな役割を果たしているので、その消滅は二酸化炭素の増加をますます加速することとなる。さらに、シベリアやアラスカの永久凍土やツンドラ地帯が徐々に融解して、これまで地下に閉じこめられていたメタンガスが大気に放出される。メタンガスは二酸化炭素以上の温室効果ガスである。これらにより、わずかに温暖化が始まると、それがさらに温室効果ガスの放出を促進し、加速度的に温暖化が進行する。温暖化によって穀物収量が増加する地域もあろうが、地球の広い地域で砂漠化が進行し、さらに穀倉地帯において大型台風あるいは集中豪雨などが頻発するならば、近いうちに世界的な食糧難が発生しても不思議ではない。今、日本では食料の心配などまったくしておらず、海外から大量の農産物や家畜飼料を輸入しているが、そのうち日本においても深刻な食糧難になることが予測される。

　また、地球が温暖化すると水温上昇にともなって海水が体積膨張するほか、南極大陸の氷河が大量に融解するために、海水面の上昇が生じる。北極の氷は既にかなり溶けて縮小しているが、これは海水上に浮かんでいた氷なので溶けても海面上昇にはそれほど影響しない。しかし、南極の氷は大陸上にあるので、それが崩落して海に流れだすと海面上昇が生じる。南極大陸の氷がすべて溶けると数十ｍも海水面が上昇するといわれており、そうなると世界の多くの土地が海中に沈んでしまうことになる。太平洋上には海水面がわずか一ｍ上昇しただけでも、水没してしまう島々があるほか、日本国内の海岸沿いの多くの土地も海中に没し、海岸線が内陸に移動することになる。北極やグリーンランドの氷は既にかなり縮小しており、シロクマが絶滅危惧種に指定されている。また、一〇〇年前には十分にあったアルプスの氷河は既に半分以上消えてしまっているほか、南極でも氷床が溶けて、大陸の淵から巨大な氷河が海水中に崩落している。

　一方、氷河の融解や降水分布の変化によって海水の塩分濃度が変化し、海流の循環が変わってしまうという話もある。海流は温度や塩分濃度による海水の密度差（重さの差）が駆動力なのだ。そうすると、現在、メキシコ湾流によってヨーロッパ諸国は温暖な気候となっているものが、暖流が北上しなくなると大幅に寒冷化するかもしれない。全体的に地球は温暖化するが、北米東部やヨーロッパでは逆に寒冷化することも起こりえるのである。

　なお、南極の海氷は増加しているという情報があったり、水没が懸念されていた南海の孤島ツバルはむしろ陸地が広がっているなどの論文があったりする。それぞれ降水分布の変化や波によって打ち上げられた堆積物の変化などが影響しているものと思うが、前述した不都合なシナリオの可能性は十分に高いといわれている。こうした種類のわずかな情報を元に温暖化防止の努力は不要と短絡的に主張する人がいるが、それは将来世代に対して無責任だと思う。

地球温暖化防止の活動

このように考えると、できるだけ早急に温室効果ガス削減を実行しなければ、現在の地球環境が崩壊してしまうといえる。以前から地球温暖化が叫ばれ、「気候変動に関する政府間パネル」(Intergovernmental Panel on Climate Change：IPCC)において科学的な分析が五〜六年に一度行われている。また、一九九五年以降、「気候変動枠組条約締約国会議」(Conference of the Parties：COP)が毎年開催されており、温室効果ガス削減の国家間調整が継続されている。しかし、多くの人々がまだこの現象を深刻にとらえていないし、国家間の調整もあまり進んでいない。特に、先進国と発展途上国の言い分に隔たりがあり、なかなか削減努力が前進しない。これまでのところヨーロッパ諸国は炭酸ガス削減に熱心であるが、大量放出国の米国や中国はやや消極的であった。一方、発展途上国の言い分として、現在の状況は先進国がつくりだした結果であり、先進国が格段の削減義務を負うべきであると主張してやまなかった。そして、発展途上国も経済発展する権利があり、そのためには炭酸ガスを放出する権利があるとの主張がなされていた。世界一の炭酸ガス排出国である中国も、最近になってようやくわずかな変化傾向がでてきたものの、これまでのところ発展途上国のひとつであるという立場を取り続けて、炭酸ガス削減を拒否してきた。

日本もまた炭酸ガス削減に積極的であったとは決していえない。一九九七年に議長国として合意した京都議定書の策定に際しても、世界で一番省エネルギーが進んでいることをアピールして、これから削減しなければならない二酸化炭素の削減率を極力少なくしようとした。また、炭酸ガス削減の手段として再生可能エネルギーの促進よりも、安易な原子力発電の増加を選択してしまった。そして、二〇一一年三月一一日に原子力発電所事故が発生したのである。現在、政府は次の削減目標を示すことを諸外国から要求されているが、依然として温室効果ガス削減義務が経済発展の足かせになると考えており、目標値の積み上げには消極的である。

こうしたなかで、世界のいたる所で異常と思えるような気象変化が認識されるようになり、二〇一五年一二月に画期的なパリ協定が採択された。これまで消極的であった米国や中国が温室効果ガスの削減に努力することを表明し、発展途上国の多くもそれぞれ目標を定めてその削減に努めることを合意したのだ。ようやく、世界が力を合わせて温室効果ガスの削減に進もうということになった。

ところがここでまことに残念なことが生じてしまった。トランプ大統領の出現である。彼はオバマ大統領が地道に築き上げてきたさまざまな施策をことごとく破棄し、パリ協定も遵守しないことを公言し始めた。さらに、地球温暖化はでたらめであると主張し、安価なエネルギーをふんだんに供給するためにシェールガス（砂岩中にある従来の天然ガスと異なり、頁岩《けつがん》（シェール岩）中にあるメタンガス）の採掘を支援すると宣言した。そして、オバマ大統領の温暖化対策に批判的で環境保護局（ＥＰＡ）の環境規制の撤廃を求めて一〇件以上の訴訟を起こしていたプルイット氏を、二〇一七年二月にＥＰＡ長官に就任させてしまった[8]。これは人類に取ってきわめて大きな悲劇である。彼らのこうした行動によって地球温暖化抑制の機会を失い、その結果、今後数千年にわたって、人類は悲劇的な気象変化と戦わなければならなくなるだろう。地球を壊すのは簡単だが、それを修復するのはとてつもなく大変なのだ。

人間のエゴイズム

人類は石炭、石油、天然ガスを採掘し始め、最近はこれまで採掘が難しかったシェールガスまで採取するようになった。さらに大量に地下に埋蔵されている可能性のあるメタンハイドレード（メタンと水により構成される氷状の物質）にも触手を伸ばしつつある。そして日本国民の多くも、近海に大量に存在する可能性のあるメタンハイドレードの利用に期待している。しかし、前記から明らかなようにこのような資源は手をだしてはいけない、禁断のエネルギーなのだ。

温室効果ガス削減の努力を進めると、そのうち石油や天然ガスがだぶつき、価格が大幅に低下する可能性がある。それでもなお、安くて手軽な化石燃料に手をださずに、再生可能エネルギーに依存した社会づくりに専念できるかどうかが私たちに問われている。まさに人類の欲望と賢さが天秤にかけられようとしているのだ。

人は自分に都合のよい話を信じたがる性質があるようだ。たとえば、多くの科学者が人為的に排出される二酸化炭素の増加を問題視しているなかで、誰かが温暖化は太陽の周期的な活動によるものだという説を唱えると、その信憑性を確認することなく多くの人が太陽説を信奉し、温暖化説に疑問を唱え始める。同様に、米国のある地域で海面上昇していない計測結果が確認されたという話がでると、すぐに温暖化によって海面上昇することなどないといい始める。また、地球温暖化によって北極海やグリーンランドの氷がどんどん溶けており、それによって海面上昇しているという話があると、コップに浮かんだ氷が溶けても水面は変わらないことをもちだして、関連するすべての話がデタラメだと主張する。そして温暖化説を信用できないものと決めつけ、その対策に膨大な努力を払う必要はないのだと主張する。

人間にはこのような特徴があるようだが、多くの専門家が計測やシミュレーションを含めあらゆる角度から検証して、九〇%以上の確率で地球は温暖化しているといっていることを、私たちはもっと謙虚に受け止めるべきではなかろうか。しかも、地球温暖化説の白黒がつくのを待っていては手遅れになるのだ。仮に、人為的な地球温暖化説が誤りであったとしても、その場合には現在の環境が維持されるだけである。少なくとも人間の行為によって二酸化炭素が増大しているのは確かであり、それによって多少なりとも変化するであろう地球環境を次世代に残すような生き方は正しいとはいえない。

元米国副大統領であったアル・ゴアが書いた『不都合な真実』（枝廣淳子訳、二〇〇七、ランダムハウス講談社）という著作がある。ひたひたと迫りつつある地球温暖化の恐怖と人間の強欲な活動がじつに巧妙に説明されている。そのなかにカエルを用いた科学実験に関する一節がある。「沸騰しているお湯にカエルが跳び込むと、カエルは次の瞬間、ぴょんとお湯から跳び出します。瞬時に、その危険がわかるからです。同じカエルを生温かい水の入ったお鍋に入れて、沸騰するまで少しずつ温度を上げていくとどうなるでしょう？　ただじっと座っているのです。同じ危険があるというのに。」[9]（二五四頁）。

私たち人類が直面している地球温暖化とじつによく似た構図であることに気づくだろう。このカエルと同じにならないために、私たちは何をすべきか考えなければならない。再び『不都合な真実』中のマーク・トウェインの警句を引用しよう。「災いを引き起こすのは、〝知らないこと〟ではない。〝知らないのに知っていると思い込んでいること〟である」[9]（二〇頁）。

第二章　原子力発電の行方

原子力発電所事故の恐怖と影響

二〇一一年三月一一日に発生した東日本大震災では東北から北関東までの太平洋岸一帯にかけて甚大な津波被害がもたらされ、二万人弱の人々が犠牲になった。しかし、八年経った今では復興が進んでおり、活気がかなり戻ってきた。一方、同時に発生した福島の原子力発電所事故では、直接事故で犠牲になった人はなかったものの、避難者の数は二〇一二年五月に一六万五〇〇〇人に達した後、三年後の二〇一五年二月時点で一二万人、二〇一八年二月になってもまだ五万人が避難を余儀なくされている。このように原子力発電所事故はきわめて長い年月にわたって広範な地域を人の住めない空間としてしまう恐ろしさがある。[10][11,12][12]

福島の原子力発電所事故では、圧力容器中の蒸気をわずかに大気に放出しただけで、あれだけ広い地域が甚大な放射能汚染を被った。もし仮に圧力容器が破壊され、内部の放射性物質が大気中に飛散していたならば、どれだけの地域が居住不能な土地となっていたかはかりしれない。実際、二号機の格納容器内の圧力は三月一五日未明に設計上限の二倍近くに達し、爆発寸前の状態であったという。[13] 一方、四号炉建屋の使用済み燃料棒の冷却プールにしても、冷却水の遮断によってむきだしの核燃料が反応をし始める寸前の状態であった。しかも、二階にあった冷却プールが建屋とともに崩壊していたならば、東京圏を含む日本の半分程度が壊滅していたかもしれないのだ。幸いにも現場関係者の決死の努力によってこうした危機が回避され、なんとか現在の状況を保つことができた。このように日本が壊滅する寸前の状態であったにもかかわらず、再び原子力発電は安全な技術であると盛んに宣伝されつつある。我々はこの原子力思想の不条理にもう少し目を向けるべきである。

現在でも福島では放射能汚染された地下水が流出し続けている。この処理水は地上の処理タンクに貯蔵されているが、毎日数百トンの汚染水が発生しており、このタンクの処理見通しは立っていない。なぜなら、放射性物質の多くはこの処理によって除去されているが、トリチウムの分離は困難で処理水のなかに残存しているので、タンクに貯める以外にないためだ。

一九八六年に生じた当時ソビエト連邦（現ウクライナ）のチェルノブイリ原子力発電所事故は、現在までに三〇年以上が経過している。しかし、依然として三〇㎞圏内は立ち入り禁止区域となっている。そこには廃墟となった遊園地や幼稚園が残されており、時の流れとともに不気味に朽ち果てている。ある報告によると、(14)立ち入り禁止区域周辺に生息する鳥はそのほかのエリアに生息する鳥と比べて明らかに脳の大きさが小さくなっていたり、木々の成長速度が遅くなっていたり、クモやハチ、チョウ、バッタなどの昆虫の数が少なくなっているなど、動植物の形態や生態に大きな違いが見られるという。

放射能とは放射線をだす性質のことをいい、遺伝子や細胞を破壊する力がある。人が強い放射線を浴びた実例として、一九九九年九月三〇日の東海村ＪＣＯ臨界事故がある。誤った操作により作業員が強い放射線を浴び、二名が死亡した。放射線を浴びた当初は皮膚がわずかに赤みを帯びただけだった。ところが、染色体破壊によって新しい細胞が形成できず、徐々に体内のあらゆる臓器が溶けたような状態となって死亡した。これよりはるかに弱い放射線を浴びた場合でも遺伝子は損傷を受け、がんになったり奇形児を出産したりする確率が顕著に増大する。特に若い人は細胞分裂が盛んなので、こうした影響を受けやすい。チェルノブイリ原子力発電所事故の後、甲状腺がんのほかダウン症や白血病ならびに奇形児出産が大きく増加したことからも、その危険性がわかる。放射線被曝には外部被曝と内部被曝があり、放射性物質を体内に取りこむことによる内部被曝は長時間にわたって被曝するので、危険度はより高い。放射性物質で汚染された土地や海水では生物がそれらを蓄積し、それを食べた人間が内部被曝することになる。

厄介なことに、何らかの化学物質によって放射能を消せるという代物ではなく、汚染された土地は長期間にわたって居住不能となってしまうのだ。原子力発電は常にこうした危険と隣り合わせの技術なのである。

原子力発電の抱える克服不可能なふたつの重大事項

さて、次に原子力発電の抱えるふたつの克服不能な重大課題について考えてみよう。ひとつは放射性廃棄物の処理であり、もうひとつは大規模事故の可能性である。

高レベル放射性廃棄物からは一〇秒あまりで致死量に達する強い放射線（約一五〇〇Sv／h）がでており、使用済み核燃料に含まれるプルトニウム239の半減期は約二万四〇〇〇年である。したがって、これらが理論上「安全」といえる程度になるまで一〇万年の「保管」期間が必要とされる(15)。現在、日本にある核のゴミの量は、ガラス固化体に換算すると約二万五〇〇〇本分ある。さらに、一〇〇万kW級の原発を一年間稼働させると、ガラス固化体は約三〇本発生する[16]。このほか、廃炉行程から発生するさまざまなレベルの核のゴミを考えると、その量はきわめて膨大なものになる。

この処分に関して、世界でも放射性廃棄物の処理法は確立されておらず、唯一フィンランドにおいてオンカロ（洞穴の意味）と呼ばれる処分施設がオルキルオト発電所から数マイルの花崗岩の岩盤に建設されつつある。ここでは二〇二〇年から使用済み核燃料の貯蔵が開始され、以後、それが数万年にわたって封じこめられる計画である。数万年……、途方もない年月である。この間、言葉も変化するはずなので、危険な場所であることをどのように後世の人類に伝えるか、真剣に議論されている。フィンランドは地層のほとんどが太古から変化していない安定した岩盤の上にある国である。道路の横には赤茶けた色のどっしりとした岩盤があちこちに見られる。なるほど、このような地層では確かに何万年も安定して放射性廃棄物を封入することが可能かもしれないと感じる。これに対して、日本はあらゆる地層が活動しており、どこにもフィンランドのような安定した地層は存在しない。いっとき北海道の幌延が処分場の候補地として調査が続けられていたが、地層が安定しておらず、しかも多量の地下水が流れていることが判明し、フィンランドとは大違いであることが明らかとなっている。

果たして数万年にわたる処分技術を本当に確立しえるのだろうか。また、廃炉や放射性廃棄物処理の費用は実際のところ未知である。ただし、これらあらゆる負の遺産を将来の世代に残そうとしていることだけは確かなのだ。

原子力発電の危険と覚悟

次に第二の課題である危険性について考えてみることにしよう。安全を論ずる場合、一般に危険な程度（リスク）を次式により表現しようとする。

［リスク］＝［事故確率］×［被害の甚大性］　式①

すなわち、リスクは事故の生じる確率に事故の被害の程度をかけたものとなる。原子力発電を推進する人たちはこの事故の生じる確率がほとんどゼロであると主張する。一方、原子力発電に反対する人たちは事故の被害の甚大性を問題にする。どちらの数字を強調するかによって結果が異なるので、いつまでも平行線のままの議論となる。

そもそも数学では式①は次式のような意味をもっていることになる。

［ゼロ］×［無限大］＝［解なし］　式②

すなわち、数学では［ゼロ］×［無限大］は解をもたない。したがって、このような式を用いて原子力発電の安全性を論じようとすること自体に無理があるといえる。そこで私は、式③のような表現がより適当であろうと考えている。

［事故確率］×［被害の甚大性］＝［覚悟］　式③

この「覚悟」とは原子力発電推進者にとっては万が一大事故が起きた場合には相当の責任を受け入れる覚悟があるという意味であり、原子力発電反対者にとっては原子力発電の廃止にともなうさまざまなコスト上昇を受け入れる覚悟をもつということになる。

　では原子力発電推進者は果たしてどの程度の覚悟をもっているのだろうか。大規模事故が起こったならば国が潰れるかもしれない程度の重大な主張をしているのである。この点、福島の原子力発電所事故において誰か原子力発電推進の責任を取るか、あるいは十分に反省の念を示した人はいただろうか。また、原子力発電推進者のなかで放射性廃棄物処理施設を自分の居住区の隣りに設置することを許容するといった人がいただろうか。自身の過去の主張の責任を取り、自分の家族をともなって福島の避難者とともに生活をしようとした原子力発電推進者はいただろうか。私の知る限り小泉元首相以外には皆無であり、誰からも反省の言葉は聞いたことがない。どうも単に経済発展のために原子力発電は必要であるということと、原子力発電所事故はもう二度と起こらないと主張するのみで、反省するどころか原子力発電再開の必要性をこれまでとまったく同様に繰り返しているのである。国家の存亡を賭した安全議論をするにはあまりにも無責任であり、しっかりとした覚悟をもっているようにはとても思われない。

　一方、原子力発電反対者も覚悟が必要である。大勢の人間が「原子力発電は反対」、でも「電気料金の値上がりも反対」といっていてはおかしいのだ。脱原発のために高い電気料金を支払うことを許容する気持ちが必要だ。また、電気料金の上昇は生活弱者を直撃するという意見が必ずでる。したがって、生活弱者を救済するような社会保障に対しても協力する覚悟を併せてもつ必要がある。ただし、現在よりも何倍も電気料金が上がるのであればこの覚悟もゆらいでしまうが、脱原発社会を実現するのに必要な料金はそれほど高くなるものではない。発電コストについての議論は後で行うが、いずれにしても脱原子力発電を主張する場合には、電気代の上昇を受容する覚悟が必要といえるだろう。

政府の方針と原子力発電コスト

二〇一五年四月に政府は二〇三〇年の電源構成計画を発表した。それによると、石炭火力と原子力発電を重要なベースロード電源と位置づけて、原子力発電の比率を二〇～二二％にすると設定している。これは耐用年数を迎えた原子力発電所を延長利用するか、廃炉にした分の原子力発電所を更新することを意味している。したがって、政府の頭のなかには将来的に脱原発を推進する考えはまったくないといえる。

それでは何故このような技術にいつまでもしがみつこうとするのだろうか。これまで原子力発電は比較的安い発電法であり、しかもひとたび燃料を確保すると長期にわたって燃料を購入する必要がないことから、準国産のエネルギーと位置づけられてきた。また、関連する産業にはほとんど国内の業者が関わっているので、地元自治体への補助金も含めて、投入する資金が国民のなかで循環する利点もあった。そこで、わが国は原子力発電を将来の重要な発電技術と位置づけ、温室効果ガス削減目標を達成するためにも積極的に推進してきたのである。したがって、危険性と放射性廃棄物処理問題を除いて、原子力発電は優良なエネルギーの要素をもっている。その点を重視する限り、原子力発電所事故を経験した後になっても依然として原子力発電を復活させたいという考えが政府や経済界には根強いのである。

そこで、原子力発電は再生可能エネルギーと比べて本当に安いエネルギーなのか、また原子力発電をやめたならば日本経済は破綻するのか改めて考えてみよう。まず、原子力発電をやめたならば日本経済が破綻するという主張が正しくないのは過去のふたつの事象から既に証明されている。ひとつはオイルショックである。オイルショック時にエネルギー価格は著しく上昇したが、その際のＧＤＰの伸びにはほとんど影響がなかった（後述する図10）。もうひとつは原子力発電所が八年にわたって停止しているにもかかわらず、日本経済はその影響を生活実感としては受けていないという事実だ。この八年間、原子力発電の停止を石油やガス火力で代替する分、電力料金が上昇しているが、国民の生活は破綻していないし、景気もむしろ好調なくらいだ。したがって、経済の好不調に対してエネルギー価格はそれほど影響してはいない。こうしたふたつの事実より、原子力発電をやめたならば日本経済は破綻するというのは明らかに間違っているのである。

次に原子力発電は再生可能エネルギーと比べて本当に安いエネルギーなのか検討してみよう。原子力発電は放射性廃棄物処理と安全対策にかける金額によってコストは大きく変化する。これまでのエネルギー政策では、使用済み核燃料を再処理し、高速増殖炉内でウランと反応させることにより、投入したよりも多くの燃料を生成する核燃料サイクルを描いていた。ところが、高速増殖炉技術の困難さから、現在は再処理工場で取りだされたプルトニウムとウランを混合したMOX燃料を用いるプルサーマル運転に計画が変更されている。これは当初のサイクルよりも燃料の生産性は劣るが、使用済み核燃料から利用可能な燃料を抽出する分、意義がある。この費用に関して、広瀬隆氏の著書『原発ゼロ社会へ！新エネルギー論』のなかに「週刊東洋経済」二〇一一年六月一一日号の大島堅一教授（当時立命館大学）の論文を引用した記述がある。[17]それによると、今後四〇年間にわたる稼働に一八兆八〇〇〇億円かかるとされているものが、実際には七四兆円規模に膨らむ可能性があると指摘されている。このようなことを考えると、先の見えない原子力発電政策を続けるために使用済み核燃料処理や防潮堤などの建設に対して途方もない資金が次々と投入され続けていることがわかる。

次に、原子力発電の安全と発電コストに関する試算を紹介しよう。二〇一五年三月に開催された経済産業省資源エネルギー庁の「長期エネルギー需給見通し小委員会 発電コスト検証ワーキンググループ」第三回会議資料によると、モデルプラントの事故リスク対応費用は約〇・五円／kW-h程度であるという。[18]これは福島級の原子力発電所事故に対する費用を七・九兆円と想定し（現在は既に二一兆円になるとされている）、事故想定モデルプラントに対する損害費用を五・八兆円と仮定して、その合計を運転期間の四〇年間にわたる発電量で割ると、電気料金の上乗せ単価はこの程度に試算されるというのだ。現在の電気料金と比べると四〇分の一程度でしかないのはなんとも不思議な気がする。私たちが日常支払っている電気料金が生活費のなかに占める割合はそれほど大きなものではなく、そのさらに四〇分の一程度の料金を積み立てておけば、四〇年に一度の福島級の原子力発電所事故に対して賠償できるというのだ。

このように考えると、料金的には原子力発電所事故は大した話ではないということになる。しかし、何かが違うような気がするが、それはいったい何故だろうか。福島のような原子力発電所事故はもう二度とあってはならないのであって、四〇年に一度あっても大した料金ではないというような試算がおかしいのである。それは福島の損害費用が現在二一兆円と見積もられているが、これは現在被害を被った人々に対する費用であって、広大な面積が今後も非常に長期にわたって住めなくなることに対する損失はまったく考慮されていない。本来ならば、事故がなければ継続していたであろう経済活動と、生活していたであろうあらゆる世代の人たちに対して損失補償をする計算にすべきである。こうした計算であれば、莫大な補償費になる。しかも、事故の程度によっては今回の何倍もの面積が被害を受けないとも限らないのである。同様に放射性廃棄物処理費用についても、ほとんど人の住んでいないところに埋めてしまえば、コストは取るに足らないと試算している。国土の永遠な価値の損失と現在住んでいる人に対する補償とを同一に取り扱っている基本的な考え方に、大きな誤りがあるのである。数千年にわたる日本国の視点からみた場合、単に現在の刹那における土地利用者に対する費用計算は意味をなさないのである。こうした政府や電力会社にとって都合のよい費用計算によって、原子力発電は安価な電源と試算されているのである。

このように考えると、もう既に原子力発電推進者の主張の拠り所が破綻しているのは明確だ。それにもかかわらず、相変わらず同様な主張が現在においても繰り返されている。

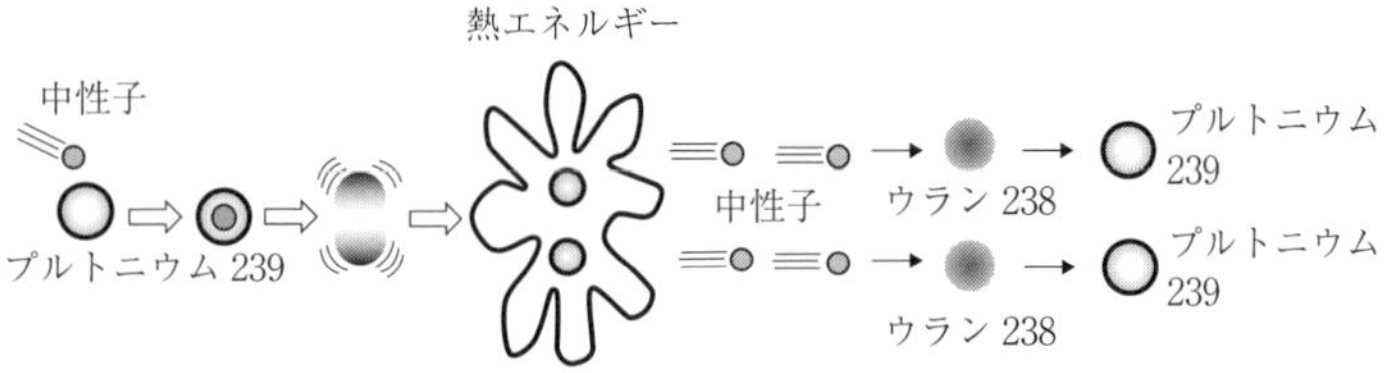

図7　高速増殖炉におけるウラン変化（引用文献（20）を参考に作成）[20]

ミラクル技術に期待する人間の性《さが》

原子力発電にはウラン２３５が用いられるが、その資源量はわずかであり、現在のままの速度で使用すると、後七〇～八〇年ほどでなくなってしまうといわれている[19]。したがって、原子力発電といえども、それに依存し続けることはできない。一方、地球にはウラン２３８が多量にあるが、これは原子力発電用の燃料にはならない。そこで、このウラン２３８をウラン２３５やプルトニウム２３９の反応場に置き、発生する中性子によって核分裂反応性をもつプルトニウム２３９に変える技術がある。図７に示すように、高速の中性子がウラン２３８と衝突してプルトニウム２３９に変化し、そのプルトニウム２３９が複数の中性子を生みだして、次々と反応性核燃料を増殖していく。すなわち、燃料を使うほど燃料が増えるミラクル技術だ。これを利用したものが高速増殖炉であり、「もんじゅ」と呼ばれる実験炉が福井県敦賀市につくられている。しかし、高速の中性子を維持するには通常の原子力発電炉のように水を用いることができず、中性子吸収の少ない溶融金属ナトリウムを冷却水の代わりに用いなければならない。この溶融金属ナトリウムが厄介者で、わずかに漏洩しただけで、空気中の水蒸気と反応して爆発するのである。したがって、漏洩火災が起こっても水をかけることすらできないのだ。実際に、「もんじゅ」はこれまでに数回のナトリウム漏洩火災事故を起こして、実験が長らく中断している。原子力発電技術の先進国であるフランスにおいてすら、この高速増殖技術を諦め、現在、実験を継続しようとしているのは日本以外にはない。結局、二〇一六年一二月になって政府は「もんじゅ」を廃炉とすることを決定した。ただし、福井県の強い要請もあり、何らかの類似した研究を継続することになっている。

増殖技術のほかに、将来の夢の技術と謳われている核融合技術がある。原子爆弾の反応が原子力発電に利用されているように、水素爆弾の反応を利用するのが核融合炉だ。これは重水素の核融合反応を利用するものであり、原子力発電と同様に莫大なエネルギーを生みだす。しかし、数千万度から一億度にも達するプラズマを一秒以上閉じこめる炉を開発しなければならない。この場合、炉壁にプラズマが接触するとたちまち溶けてしまうので、磁場によってプラズマを閉じこめるのだ。しかし、これが大変な技術で二一世紀後半の実用を目指している。ただし、この反応においてもトリチウムのような放射性物質が生成されるのは避けられない。

このように、さまざまなミラクル技術が研究・開発されている。いずれも驚異的なエネルギーを発生するが、その分、取り扱いがきわめて厄介な特徴がある。そもそも水素爆弾の反応を制御して、なんとか安全に利用しようというのだから、その技術の難しさははかりしれない。ここで思うのは、私たち人類はなぜこのような技術を「夢」と呼び、それを待ちこがれるのであろうかという疑問だ。たぶん、研究者はこれまでにない技術であることに魅力を感じるのであり、一般市民はそのマイナス面よりも一気に問題解決してくれそうなすごさに魅力を感じるのではなかろうか。人間の性《さが》といわざるをえない。

ここで考えなければならないのは、風力発電や太陽電池のような自然に優しい技術が既に身の回りにあるということだ。なぜ、危険極まりない「夢の技術」に飛びつき、既に確立されている自然に優しい技術を取り入れた社会をつくろうとしないのだろうか。たぶん、自然エネルギーは頼りのないありふれた技術という先入観が強すぎるのではなかろうか。こうした自然エネルギーによる社会形成が、面積的ならびにコスト的に不可能ならばしかたがないが、十分に可能な範囲にあるのだ。このことは、後ほど改めて示すことにしよう。

原子力発電所立地住民の選択と都会人の責任

福島県は原子力発電所事故後、再生可能エネルギーにより国土を立て直すことを宣言したが、そのほかの原子力発電所立地自治体はこぞって原子力発電の再開を希望している。たとえば高浜原発は原子力発電の再開の是非を裁判で争っていたにもかかわらず、二〇一五年一二月三日に町長が再開の同意を表明した。そしてその後、地方裁判所が再稼働を容認する決定を下し、二〇一六年一月二九日に高浜原発の再稼働が始まった。同様に原発反対者による再稼働差止申請が各地でなされているが、地元住民の大部分は再稼働賛成の意向である。外部から見ていると何とも不思議に思える。あれだけの原子力発電所事故が起こり、最大の被害を受けるのは地元であるはずなのに、地元住民の多くがむしろ賛成しているのだ。

原子力発電所を再開すると立地自治体に対するさまざまな補助金が復活する。自身が生まれ育った土地が将来永遠に居住できない汚染地域になってしまうリスクはあるものの、やはり現在の生活の方が住民に取って大きな関心ごとなのだ。これは人間に共通の性《さが》であり、住民が現在の豊かな生活を選択するのは多少理解できることである。

さて、以上の構図は都会と地方の人口と立場の問題に帰結する。安価なエネルギーを安定的に供給するために原子力発電をもっとも望んでいるのは都会の住民である。しかし、都市が全滅するようなリスクのある代物を都会に立地するわけにはいかない。そこで、万が一のことが生じても混乱が少なく、補償額が都会より少なくてすむ地方に原子力発電所を建設しようということになる。住民の反対を押さえるにはある程度の補助金を地方に投入すればすむ。放射性廃棄物の処理についてもまったく同様である。さらにこの構図には、そのツケの多くを負うのは現在の人よりもむしろ後世の人間であるということが加わる。

そのように考えると、前記の都会と地方の関係は健全なものとはいい難い。原子力発電のリスクは地方が負うものではなく、都会人自身の問題として考えるべきである。なぜなら、その恩恵を享受しているのは彼ら自身だからだ。お金で立地住民を満足させ、すべてがウィン・ウィンというのは地方住民に対して失礼であるし、後世の日本人に対しても申し訳が立たない。

さて、ここで改めて感じるのは、「原子力発電」が妙に住民を引きつける歪んだ魅力があることである。いったん、補助金のありがた味を知った原発立地住民（むろん全員ではなく一部）は、ほかの県で甚大な原子力発電所事故が起こった後でも、原発の再稼働を望む。同様に、電力会社にとっては既に建設してしまった原発を再稼働させ、その稼働時間を長くするほど儲かる構図となっている。これは、電力会社に取っての原発の主要な費用は建設費と廃炉費用であり、ランニングのための費用はわずかであるからだ。いったん知ったありがた味は、限界となるまで手放せなくなる。そして、長い停止期間中に生じた負債をとりもどすためにも、原発をますます再稼働しようとするのである。この甘い味から抜けだすには覚悟が必要である。原発を稼働することが利益につながるとしても、それをすっぱりとやめるか、もしくは稼働年数を設定し、その期間が過ぎたならば無条件で再稼働しない覚悟である。現在、稼働年数として設定した四〇年を超えて、なし崩し的に再稼働しつつあるのは、再びこの魅惑的な甘さを味わい続けたいという行動といえる。

以上を考えると、目先の利潤ばかりではなく、長い視点でわが国に本当に有意義な選択を考えるべきであるといえる。その点、脱原子力発電を進め、都会の人間が再生可能エネルギー社会を築くことに資金投入する方が、地方における雇用の創出（設備維持のための雇用）と都会住民のエネルギー確保を両立することができ、都会人が真の意味のウィン・ウィンに貢献する行動といえるのではないだろうか。

原子力発電必要論の変遷と共有可能な考え方

日本はエネルギー資源の乏しい国であり、戦後の高度経済成長を支えるには国産の強力なエネルギーが必要であった。これにもっとも合致していたのが原子力発電だ。ウラン燃料は海外から輸入しなければならないが、その費用はわずかであり、コストの大半は発電所設備の建設費、維持管理費、ならびに関係自治体に対する補償金だ。したがって、その費用のほとんどは国内で循環しており、準国産のエネルギーといえる所以であった。放射性廃棄物処理などの未知のコストを含めずに、これらの費用を稼働期間中の累積発電量で割った単純な計算をすると、発電単価はかなり安い値となる。そのため、これまで政府、経済界、ならびに国民の大半が原子力発電を推進してきたのである。

一方、原子力発電の危険性に基づいた反原発運動は当初から続いており、特に一九七九年の米国スリーマイル島原子力発電所事故や、一九八六年に起きた当時ソビエト連邦（現ウクライナ）のチェルノブイリ原子力発電所事故の後に、その運動が高まった。これに対して、原子力発電の推進者たちは、わが国の原子力発電の安全性を盛んにPRしたほか、原発をやめるならば経済発展を諦め、江戸時代の生活に戻ることを容認するのかといった経済論を盛んに主張した。特に二〇〇〇年代になると原子力発電安全神話がしだいに国民の間にも浸透し、世界的にも「原子力ルネサンス」が潮流となった。さらに原子力発電は二酸化炭素を排出しないので、地球温暖化が問題視されるにしたがって、地球環境にも優しい技術と宣伝されるようになった。その間も原子力発電の危険性を訴え、反原発の運動は続いていたが、原子力発電必要論に圧倒され、むしろ白い目で見られるようなきらいがあった。

そこに発生したのが二〇一一年三月一一日の福島第一原子力発電所事故である。当然ながら原子力安全神話は崩壊し、脱原発の機運が一気に盛り上がった。しかし、それでもなお、政府、経済界、電力会社ならびに原子力発電研究者はこれまでのやり方に誤りはなく、安全性をさらに高めれば方針転換する必要はないとして、原子力発電必要論を変えなかった。福島の原子力発電所事故後に彼らが当初主張したのは電力不足による停電論である。猛暑日になると電力需要が高まり、原子力発電を早急に復活させなければ停電が頻発し、日本の産業界に大きな影響がでるというものである。当時、電力会社から電力が逼迫するという予想解析値が盛んに提示され、電力不足に対する危機感が煽られた。しかし、徐々に電力には余力があることが判明してきて、電力不足論はかすんでいった。実際に、これまで原子力発電が長く停止しているが、電力不足を心配することにはなっていない。

そうすると、次にでてきたのが経済論である。すなわち、原子力発電は安いエネルギーであり、それを全廃するならばエネルギー価格が上がって、日本の経済競争力が大いに低下してしまうという主張だ。この主張は現在でもまかり通っており、多くの原子力発電推進者の拠り所となっている。しかし、原子力発電が停止してから八年になるが、電力価格は上がったものの経済がそれによって落ちこんだという話はまったく聞かない。経済はエネルギー価格よりもさまざまな投資マネーによって変動しており、電力価格の上昇影響よりも為替レートの変動影響の方がはるかに大きいといえる。さらに、日本の核燃料サイクル計画もかなり破綻しかかっている。当初の核燃料サイクル計画の要であった高速増殖炉技術がほとんど実現不可能であり、実験炉である「もんじゅ」を廃炉にすることが二〇一六年一二月に決定されている。

では、なぜいつまでも原子力発電推進論がでるのであろうか。これは原子力発電政策をやめることはこれまでの主張を自己否定するだけでなく、原子力発電設備の資産価値（後述するように約三兆四〇〇〇億円）を逆に大きな負債（廃炉費用）に変えてしまうことによるところが大きい。原子力発電を全廃することを決定したとたんに、電力会社が破綻することになってしまうのだ。これまで原子力発電を推進してきた者に取っては恐ろしくてとてもいいだせない話である。したがって、それを避けるためにさまざまな理由を捻出して原子力発電の必要論を主張し続けなければならないわけである。

ただし、原子力発電は国策であり、国民が支持してきたものである。福島の原子力発電所事故が起こるまで原子力発電政策を容認してきたのは我々国民なのだ。したがって、これをやめる場合にも国民がその責任を負うべきであり、単に電力会社を悪者にして負担を押しつけるのではいけない。この場合に国民が考えるべきことは、電力会社に原発再稼働を諦めさせた場合に、その負債費用をどう負担していくかということだ。広瀬氏の著書『原発ゼロ社会へ！新エネルギー論』によると、二〇一一年前後における関西電力の原発資産は約八七〇〇億円と記述している。[21] 関西電力所有の原発は一一基であり、二〇一六年時点の全国の原発数は四二基[22]であるので、これをざっくりと比例計算してみると、日本の原子力発電資産は約三兆四〇〇〇億円前後となる。これを国民の人口（約一億二〇〇〇万人とした）で割り、償却年数を一〇年間とすると、一人当たりの一か月の負担は二三〇円ということになる。今、国の負債が一〇〇〇兆円に上っていることと比較すると、国民の負担のなかに占める原子力発電廃止にともなう負担割合はわずかでしかない。したがって、日本の予算の使い方を真剣に議論したならば、原発を廃止することにともなう電力会社の負債発生分の負担など簡単に捻出できるといえる。今のままではエネルギー価格云々の前に、政府の膨大な借金の返済と、長くは続けられない可能性の高い原子力発電関連に次々と膨大な予算が投入され続けることになってしまうだろう。

さて、これまで論じてきたように、原子力発電に関する賛成派・反対派の意見はまったく異なっており、いつまでも平行線である。しかし、ここで共有しうる認識がある。それは、「もし可能であるならば、できるだけ利用したくない技術」ということではなかろうか。ほかに代替手段があり、エネルギー供給量や二酸化炭素および経済影響に関しても問題がないならば、できる限り原子力発電を利用しないですませたいということは、たとえ原子力発電賛成派であったとしても受け入れるはずである。それでもなお、さまざまな理屈をつけて原子力発電を存続させようとするならば、本来の是非論以外のなんらかの背景、たとえば自己主張のメンツや自己利益などによるものといわざるをえない。

以上より明らかなように、原子力発電は可能ならば利用したくない技術と位置づけてよいと私は考えている。これは認識を共有化するうえできわめて重要なことだ。「原子力発電はできることならば利用したくない技術」なのだ。

第三章　旧来型資本主義の限界

不安が広がる現代社会

最近、世界各地で民族紛争やテロ事件が頻発しており、不安定な時代になってきた感がある。この根本的な要因は、貧困と民衆の不満が形を変えて暴力的な行為に走っているためと推察される。以前に比べて世界的なＧＤＰ（国内総生産）は明らかに向上しているにもかかわらず、どうして貧困が深刻化し、また不満が増大するのだろうか。また、格差が広がっているとよくいわれるが、なぜだろうか。

為政者たちは貿易を世界的に拡大し、できるだけ自由な競争をした方が豊かな社会を築けると考えている。ＴＰＰ（環太平洋経済連携協定）もそのひとつであるし、共通の通貨を導入したユーロ圏の構築も同様だろう。そして、目下わが国では「グローバル化」の大合唱である。ところが、最近になってこれに逆行するような動きが見られ始めてきた。英国のＥＵ脱退であるし、米国のトランプ大統領のＴＰＰ破棄と特定品目に対する高額関税の導入などである。いったい、どちらのやり方が豊かな社会づくりにつながるのだろうか。エネルギーは経済と密接に関連するために、本章ではこの問題について考えることにする。

統計学からみた格差社会

熱力学のなかにエントロピーという概念がある。エントロピーは「質」を表す指標で、統計学的には「状態の確率の程度」、すなわち「状態のなりやすさ」を意味している。したがって、

表1　7個のパンを7人に配分する際の組合せ数

ケース	n_0	n_1	n_2	n_3	n_4	n_5	n_6	n_7	組合数
1	6							1	7
2	5	1					1		42
3	5		1			1			42
4	5			1	1				42
5	4	2				1			105
6	4	1	1		1				210
7	4	1		2					105
8	4		2	1					105
9	3	3			1				140
10	3	2	1	1					420
11	3	1	3						140
12	2	4		1					105
13	2	3	2						210
14	1	5	1						42
15		7							1

エントロピーが最大となる状態がもっとも安定しており、現象はその状態になるように変化しようとする。この概念によると、貧富の分布をきわめて明快に理解することができる。

今、七個のパンがあり、これを二階から階下にいる七人にばらまくことを想定しよう。まず、七個のパンを誰かが独り占めする組み合せの数は七通りとなる。これは七人のなかから一人を選ぶやり方は七通りあり、その選んだ人間にパンを七個あげればよいからである。では、全員が一個ずつパンを等しく獲得する組み合せの数はいくつだろうか。これは一通りしかない。こうしたパンの配分法と組み合せの数を示すと、表1のようになる。n_0、n_1、n_2はそれぞれパンの数が〇個、一個、二個を獲得した人数を示しており、右端がそうした状態となる組み合せの数を示している。この表からわかるようにもっとも組み合せの数が多いのはケース10であり、組み合せの数は四二〇通りとなっている。これはパンを三個取得する者が一人、二個が一人、一個が二人、そして何も当たらない者が三人となるケースである。したがって、二階からパンをばらまき、人が争ってそれを奪い合った際に、もっとも生じやすい分布は前記の通りとなることを意味している。

これはまさに、自然界では豊かな者がわずかにおり、一方、貧しい者が大多数を占めることを示している。ここでは一人ひとりに能力の差は与えておらず、まったく同一の能力をもった人たちの間でこのように少数の豊かな者と大多数の貧しい人の分布がつくのだ。これがもっとも自然な現象であり、自由競争に任せた場合には自然にこのような貧富の分布になることを意味している。通常、豊かなのは能力が高いからで、貧しいのは能力が低いのだから仕方がないと考えがちである。しかし、まったく同一の能力でありながらこのような格差がついてしまうのが自然なのだ。宝くじにおいて数回高額なくじを当てた幸運な人の話を聞くが、これも前記の説明を考えると不思議ではない。したがって、隣の人が数回宝くじを当てているからといって、自分が宝くじを買っても、たぶんまったく当たらない確率の方がはるかに大きい。一方、みんなに公平に富を分配するのはケース15であるが、この組み合せの数は一であって、もっとも確率が低い。したがって、社会主義の理想はみんなに公平に富を分配することであったが、これは不可能に近いくらい難しいといえる。

このパンと人の数を大きくしていくと、その分布は次式のようなマックスウェル・ボルツマ

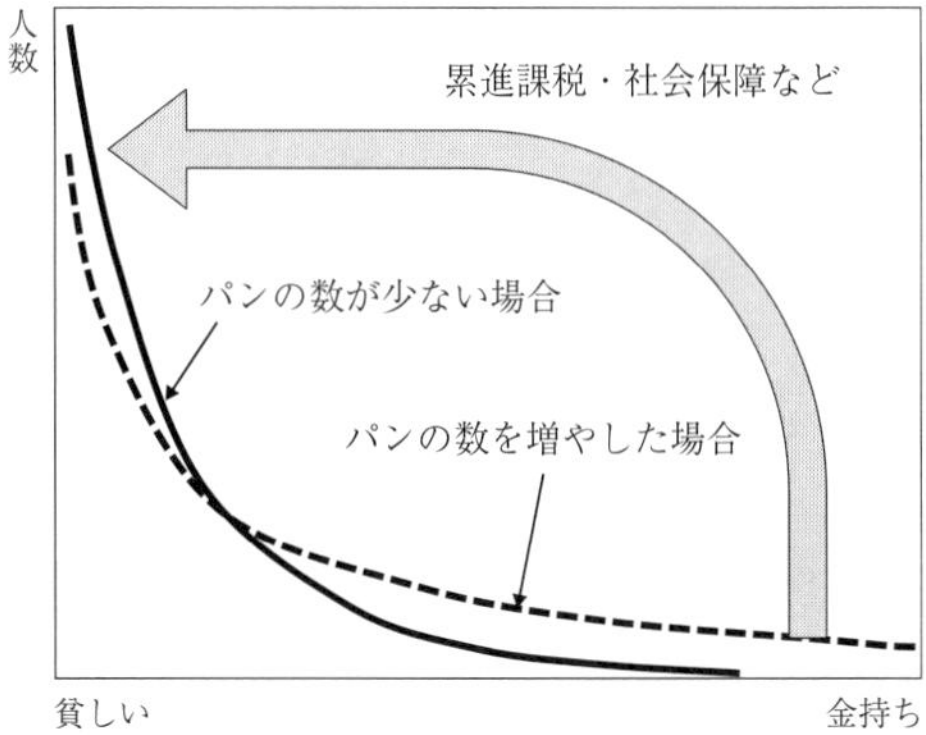

図8　マックスウェル・ボルツマン分布が示す所得階層分布と所得還元

ン分布になる。[23]

$$N_i = Ae^{-\beta\varepsilon_i}$$　式④

ここで、ε_iは一人が獲得するパンの数（または金持ちの程度）であり、表1における獲得したパンの数に相当している。また、N_iはそのカテゴリーに所属している人数を表しており、表1ではn_iに相当している。Aおよびβは定数であり、全体的なパンの数が増えるとβおよびAが小さくなり、総人口は変わらないまま全体的に豊かな分布になる。

この関係を図示すると図8の実線のようになる。縦軸は人数（N_i）、横軸は豊かさもしくはポテンシャル（ε_i）である。貧しい人はきわめて多く（図の左側）、一方大富豪（図の右側）がごく少数いることがわかる。地球上の空気の分布も同様であり、地表は位置エネルギーが低いので多数の空気分子があるのに対して、上空高くなると位置エネルギーが高くなるので、分子数はわずかとなり、空気は稀薄になる。事実、この空気分子の分布は式④のマックスウェル・ボルツマン分布になっている。

したがって、自由競争を進めるほどこの分布に近づくことになる。いま、世界はグローバルにこうした自由競争を拡大しようとしているのだから、世界的にこうした貧富分布に向かおうとしていることになる。しかも実際には境遇や機会や能力の差がこれに加わるので、貧富の差はこの図以上に広がる可能性がある。

ここで、人口を同じにしながらパンの数を増やすと、図中の破線に示されるような分布となり、増やしたパンの多くは富裕層に流れ、貧困層に届くパンはそれほど多くはならない。仮にパンの数を無限大にしてもこの曲線が横軸に平行な直線になるだけであって、富の大部分は富裕層に流れ、貧しい人は必ず残るのである。いま世界のどの国でも国民のGDPを上げることに努力しているが、これはまさに裕福な人間にさらに富を配分しようと躍起になっているのと同じであって、格差がますます増大してしまうのは当然なのだ。こう考えると、現代の状況変化がよく納得できる。大企業の利益を増大すれば、その波及効果が末端に及ぶという考えで現在の政策が実行されているが、その効果はわずかでしかないことが統計学から理解できる。

この分布をできるだけ貧しい人が少なくなるように変えるには、自由競争に任せていたのでは実現できない。図8に示すように、富裕層から貧困層へ所得を還元するなんらかの仕組みを導入することが必要なのだ。この場合、単にお金を再配分するのではなく、労働も配分できるようにするのが、生きがいを感じるうえで望ましい。

完全自由競争は人減らし競争

では、この状態を改善し、貧しい人を救うにはどうすればよいのだろうか。それは最近有名なピケティ氏が『トマ・ピケティの新・資本論』[24]のなかで提唱しているように、累進課税による富裕層から貧困層への資本の再配分がもっとも効果的だ。わが国において消費税が導入される以前は今よりも累進課税（高収入な人により高い所得税をかける制度）の度合いが高く、しかも贅沢品に対する税率が高かったので、こうした再配分の仕組みに近かったといえる。ところが、経済成長を果たし、多くの国民が豊かになったのを契機として、その後の日本は累進課税率を引き下げ、消費税率を高める方向、すなわち富裕層に有利な形に変化してきた。多くの中流層が将来さらに収入が増え、贅沢品を買おうとする場合に高い税金をかけられなくてもすむことに、夢と希望を感じたことによる変化だったのかもしれない。しかし、今から考えると過去の日本の税制は現在に比べてより理想型に近かったわけであり、一九八〇年代に一億総中流といわれていたのは、こうした税制がある程度寄与していた可能性がある。

次に、現在の大量生産と価格競争について考えてみよう。かつて企業には余裕があり、企業スポーツチームが多数あったほか、福利厚生が充実していた。これは図9に示すように生産能力に比べて市場が大きく、作れば売れた時代であったと解釈される。これに対して現在では市場に比べて生産能力が著しく向上し、限られた市場を奪い合う状況になっている。この場合、技術の差よりも価格の方が大きな決め手となる場合が多い。したがって、生き残るためにはコ

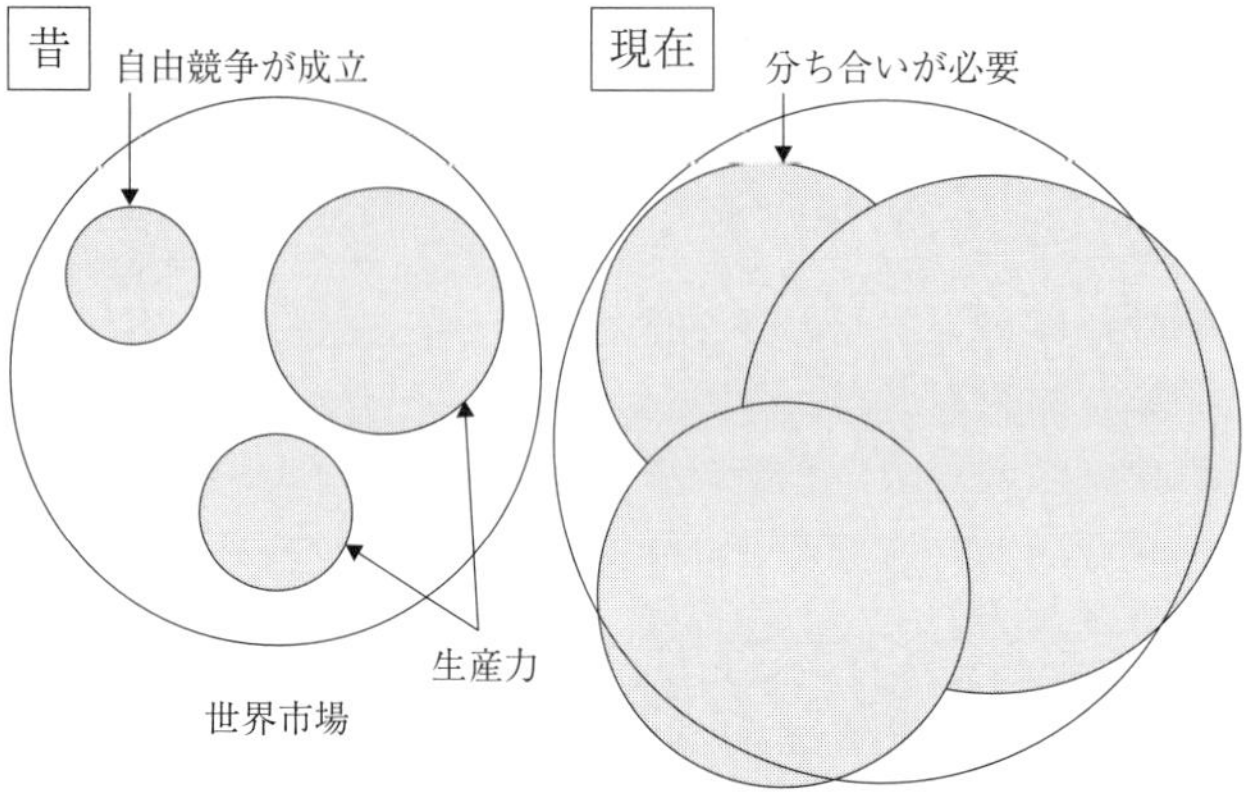

図９　生産力と世界市場の大小概念（近久，2014 より）[25]

スト削減の努力を極限まで行い、競争することになる。

ここで、コストの由来をたどっていくと、いずれも人件費にたどりつく。たとえば材料やエネルギーに支払ったコストをたどっていくと、そこにかかわった人件費となっているのであって、鉄や石油がお金を飲みこんでいるわけではない。そう考えると、そもそも、私たちは消費者目線で「安いことはよいこと」と当然のように思っているが、見方を変えると労働者減らし競争を追求していることにほかならないことに気づく。事実、円高にともなって生産拠点が発展途上国に移り、国内では派遣労働者制度の採用によって労働コストの低減がはかられ、それらの犠牲のもとで国際競争力を維持してきた。

国内で市場が飽和すると、次は市場を海外に求めることになる。同様に先進国での市場が飽和すると次に発展途上国に市場が移っていく。これは生活向上に役立つ商品を販売するのであるから、発展途上国の人たちを一時的に豊かにする効果がある。しかし、彼らはもともと購買力が高いわけではないので、購買の原資はＯＤＡなどによる先進国からの経済支援によることが多い。そうすると、単なる援助の場合には先進国の税金を使って発展途上国の人たちに商品を与え、その利益はこれに関連した企業に渡ることになる。すなわち、先進国の国民の税金が発展途上国の住民サービスに無償提供され、最終的に先進国の企業にお金が流れる構図となる。これに対して返済を前提とした援助の場合には、発展途上国の人々を借金漬けにして商品を売ろうとしていることになる。これら発展途上国が順調に経済成長した場合には先進国に対して借金が返済されるが、そうでなかった場合には発展途上国を単に借金漬けにして一次的な企業利益を先進国がえたことになる。このいずれの形態も健全であるとはいえない。ギリシャがＥＵ諸国から借金し、オリンピックに絡んで一時的に好景気となったが、その後借金の返済が困難となり、経済問題となっているのはこの典型例のように思う。

　最近、中国主導による国際金融機関「アジアインフラ投資銀行」(AIIB：Asian Infrastructure Investment Bank)が設立され、多くの先進国がこれに乗り遅れまいとして参加を表明している。これはアジアインフラ投資銀行が融資した事業を、この参加国が優先的に受注できるためだ。これまで日米が主導して融資を行っているものとしてアジア開発銀行(ADB：Asian Development Bank)があるが、この場合の融資の条件はかなり厳しいものとなっている。これに比べて中国主導のアジアインフラ投資銀行は安易な条件で多大な融資を行う可能性が高い。

その場合には、発展途上国が深刻な借金漬け状態となり、その一方で事業に参加した企業が多大な利益をえるという構図になることが懸念される。

なお、前記の説明はかなり単純化したものであり、実際には複雑である。それでも、経済の専門家に確認したところによると、本章で論ずる主旨は概略正しいとのことである。

健全な資本主義社会形成に有効な再生可能エネルギー技術

以上より明らかなように、市場に比べて生産性が格段に向上した現代社会は、価格低減・人員削減を推進し、単なる目先の競争力を維持することに邁進している状態といえる。その結果、先に示したように、ますます貧富の差を拡大することにつながっている。また、経済のグローバル化と貿易の拡大は世界経済の活性化にある程度有効である反面、世界的な産業の分業を必要以上に進めてしまう可能性があるほか、借金漬けの経済破綻国を生みだしたりする。こうしたマイナスの状況が顕著になると、場合によっては閉塞感から戦争が始まることになるかもしれない。過去の歴史を振り返ると、こうした説明はあながち的外れとはいえないような気がする。

少し前までは世界的にグローバル化の合唱であった。特にわが国では「グローバル競争」なる言葉が氾濫し、たとえばＴＰＰ（環太平洋経済連携協定）の推進に躍起となっていた。ところが、ＥＵの一員であったギリシャが経済的に破綻状態となったのに始まり、英国のＥＵ離脱に続いて、米国第一主義を掲げるトランプ氏が大統領に就任するなど、反グローバリズムの機運が現れてきた。このような揺れ戻しは、単純な自由貿易の拡大は前述したような弊害をもたらす可能性があることに起因しているように思う。

このように考えると、いずれの方向も行きすぎは危険であって、単純な自由競争をベースとした現在の資本主義にも何らかの修正が必要な時代になってきたように思う。そのひとつのやり方は内需を拡大し、自分たちの必要とするものをできるだけ自分たちで供給するような社会づくりをある程度意識することであるように思う。そうすると労働賃金が消費に回り、国内でお金がうまく循環する駆動力も働いてくる。そうした視点に立つと、私たちの生活の基盤である食料とエネルギーに関しては、少なくとも極力自分たちの手でつくり、そこに労働を投入することは、基本的な国づくりの方向ではなかろうか。

この場合、再生可能エネルギーに資本と労働を投入することは特に理にかなっている。なぜなら、これらのエネルギーは貯蔵や輸送が容易でないために、海外から同種のエネルギーが安く大量に入ってくることは難しい。さらに、風力や太陽エネルギー、あるいは森林や下水処理汚泥などから生産されるバイオマスエネルギーなどは環境負荷がほとんどなく、永久に生産可能である。しかも、その生産工程や運用において大きな雇用を生む能力がある。その意味で、旧来の資本主義の限界を打破する有望な地産地消型ビジネスのひとつになりうる。

ここで、太陽電池や風車は主として海外から輸入され、地産地消に寄与しないのではないかという指摘がでてくる。また、太陽電池を生産する際に、多くの炭酸ガスを放出するという指摘もあるように思う。太陽電池や風車の国内外コストについては第九章表2に示すように、

「海外に流出する費用」と「設備建設およびメンテナンスにかかる国内費用」の比率は概略一・五対一程度である。これに対して、火力発電における海外流出燃料費と国内費用とした設備費・設備維持費の比率は、石炭火力で約一・八対一程度であるものの、石油火力は四・四、LNG火力は一五・八対一程度となり、海外に流出するお金が太陽電池や風力発電に比べて大きくなっている。したがって、再生可能エネルギーは従来発電方式に比べて雇用創出の観点から有利になるといえる。また、太陽電池製造工程における炭酸ガス排出についても、生産工程で排出した炭酸ガスは一・五〜二年以下で回収される(化石燃料発電と同等の排出量になるという意味)と試算されており[26]、三〇年程度の耐久性をもつ太陽電池の炭酸ガス削減効果は十分に大きい。さらに、将来的に炭酸ガス放出の少ない電力から太陽電池や風車が製造されるようになれば、なおさらである。

以上、私たちは既に多くのエネルギー技術を手にしており、再生可能エネルギーは行きすぎた資本主義の弱点をカバーする要素も併せもっているといえる。そこで、第五章以降にさまざまなエネルギー技術について紹介し、それらが決して頼りにならない技術ではないことを説明しよう。なお、エネルギーを論じる場合に、常にコストが問題となる。しかし、安さの追求は結局「人減らし競争」につながり、人々に幸福をもたらすとはいいきれない。そこで、エネルギー技術論に先立って、次章において「幸福とは何か」についてまず議論することにしよう。

第四章　幸福論と経済活性化法

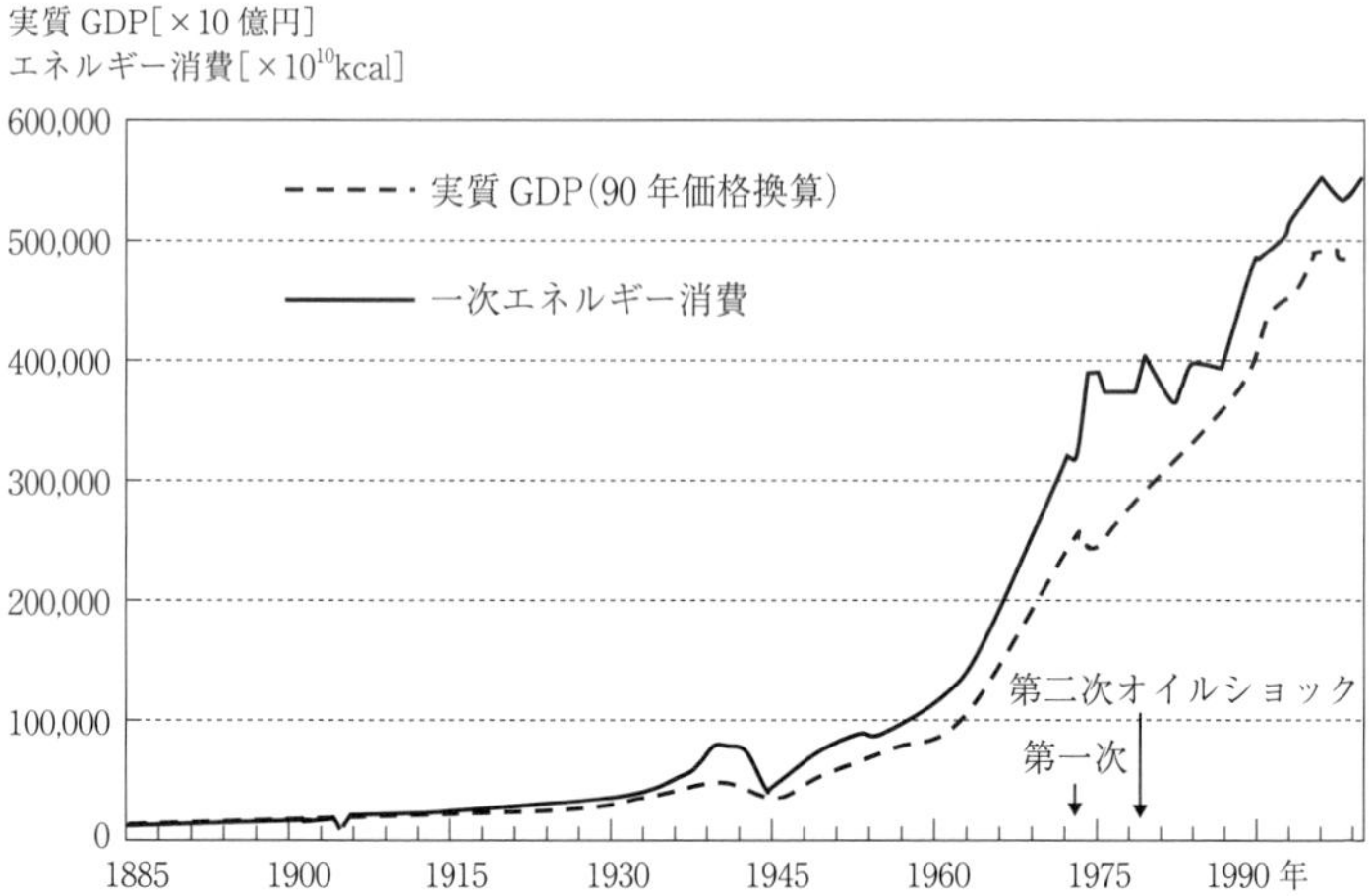

図10　1995年までの日本の実質GDPと一次エネルギー消費量（寺西，2003を基に作成/原図出所：（財）日本エネルギー経済研究所計量分析部編『エネルギー・統計経済要覧』（（財）省エネルギーセンター）[27]

GDPの向上により、果たして我々は幸福になったか

『三丁目の夕日』という漫画がある。西岸良平氏による作品で、昭和三〇年代の庶民の慎ましい生活を描いたものだ。それは戦後の復興時期であり、今と比べてGDP（国内総生産。売り上げの総量のようなものであり、利益ではない）は三分の一位でしかなかった時代だ。しかし、人々には隣人との暖かい交流があり、素朴な時代であった。それに対してGDPが三倍にもなった現代は、その時代に比べて格段に幸福度が高まったのだろうか。

図10は過去百数十年のわが国のGDPならびに一次エネルギー消費量を示したグラフである[27]。太平洋戦争が終了

する一九四五年までは少しずつＧＤＰが増加していたのに対して、一九四五年以降は急激にＧＤＰが増加していることがわかる。一九九〇年以降ＧＤＰの増加率は低下しているが、それでも引き続き上昇している。これに比例するように一次エネルギー消費量が増大しており、太平洋戦争時に比べてエネルギー消費量は莫大になっている。ただし、詳細に見ると一九七三年から一九八六年までの間にエネルギー消費が横ばいとなっている期間がある。これはオイル価格が急激に上昇したオイルショックに対応している。しかし、その間もなおＧＤＰは上昇を続けており、経済発展に対するオイルショックの影響はほとんど見られない。このことは後ほど議論するが、エネルギー価格の上昇が必ずしも経済発展に負の影響を及ぼすとは限らないことを示唆している。

さて、このグラフからも明らかなように、今はＧＤＰが昔に比べてはるかに高く、生活スタイルも豊かである。冷蔵庫やテレビはもちろんのこと、エアコンや携帯電話は当たり前、旅行をするにしても世界中、簡単に行けてしまう。この意味でＧＤＰは確かに物質的な豊かさと対応している。しかし、現在の失業率は以前より高くなっている。一生、定職に就けず、アルバイトをしながら生活している人も多い。こうした理由によるものか、精神的に問題を抱えた人も多く、自殺率も高くなっている。

図11はこれまでの平均給与、失業率ならびに自殺率の変化を示したグラフである。また、図12はこの間の日本のＧＤＰの変化である。一九八〇年に比べて二〇一〇年のＧＤＰは一・八倍程度に増大しているにもかかわらず、失業率は二・五倍も高くなっているのがわかる。特に、

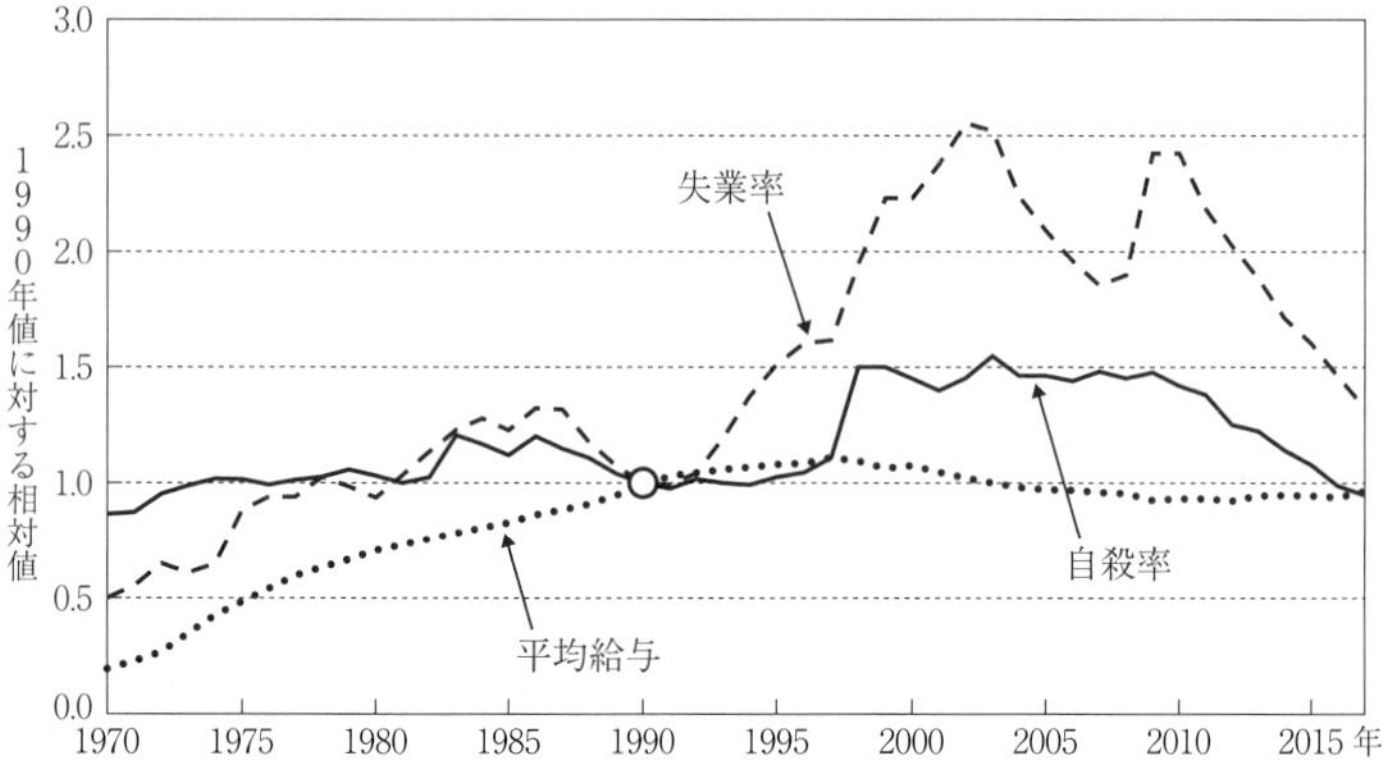

図 11　わが国の失業率，自殺率および平均給与の変化（1970～2017）
（引用文献(28)に示した総務省，国税庁，厚生労働省/警察庁のデータを基に作成）[(28)]

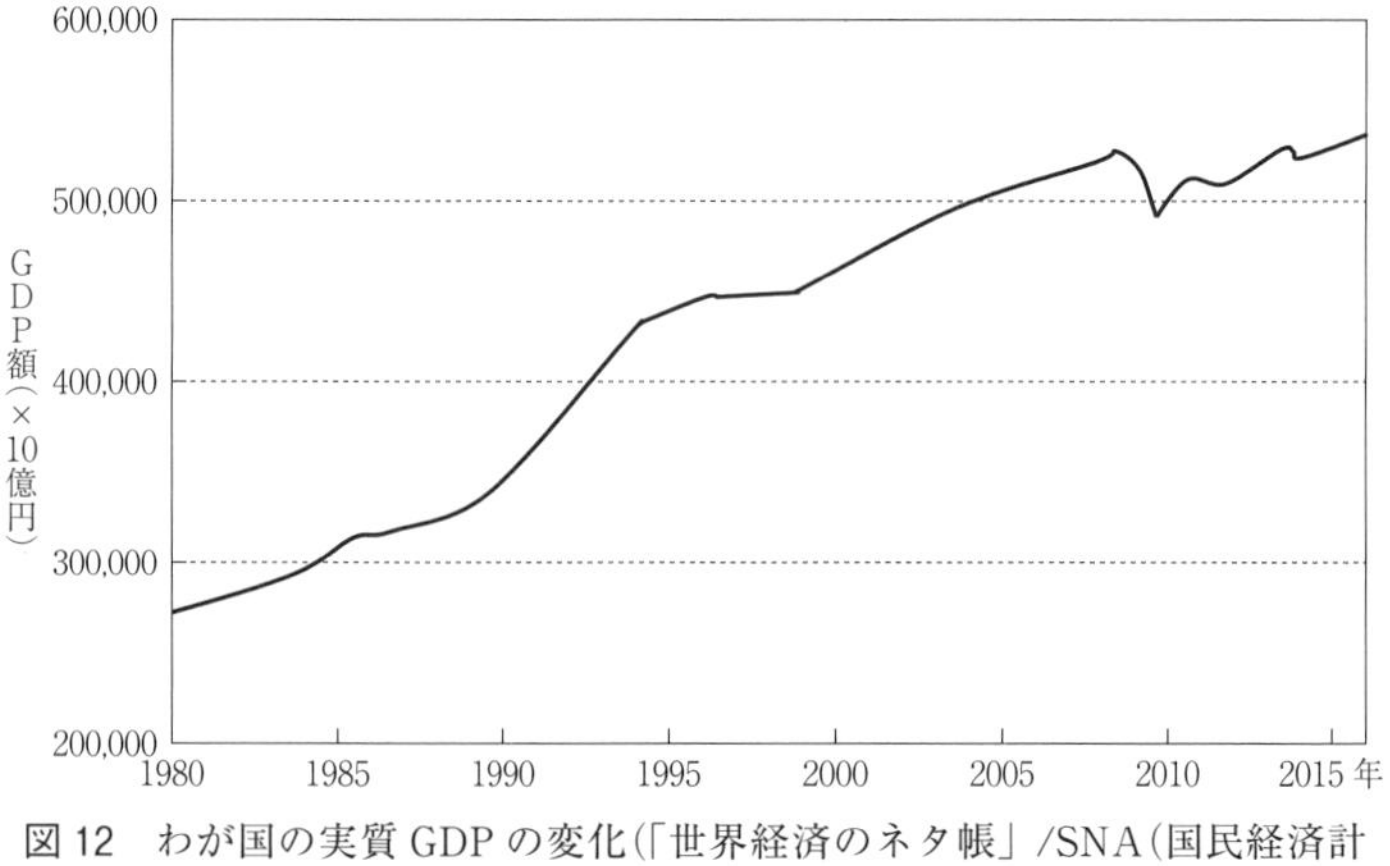

図 12　わが国の実質 GDP の変化（「世界経済のネタ帳」/SNA（国民経済計算マニュアル）に基づいたデータを基に作成）[(29)]。
実質 GDP は，当年の物価変動の影響を除いたものである。

一九九三年ころから急激に失業率が増加し、一九九八年からは顕著に自殺率も増加している。一方、平均給与は一九九八年まで徐々に増加していたものが、それ以降しだいに低下している。ただし、この間のＧＤＰは図12に見られるように増大し続けているのである。このことからわかることは、ＧＤＰは国民の平均給与や失業率と必ずしも相関をもっていないこと、また失業率と自殺率には高い相関が見られることである。ＧＤＰが増大しているにもかかわらず国民の平均給与が減少していることは、安い給料を支払いながら会社全体として利益率の低い仕事を大量にこなしていることによるものと推定される。

若者人口の減少もあって最近は求人倍率が上昇しており、人手不足で倒産する会社もでているようである。これにともなって、失業率も若干低下している。しかし、依然として失業者は多くおり、さらに定職に就けないニートと呼ばれる人たちの数も相当数に上っている。これは給料が安く、働きがいを感じられないような求人が多いことを示唆している。したがって、求人倍率は上昇しているといわれているが、やはり安い給料条件で利益率の低い仕事を大量にこなしている社会構造は依然として変わっていない。

このように、ＧＤＰは向上したものの、とても現代が幸福な時代のようには思われない。私たちはこれまでＧＤＰの向上を常に第一に考え、世界の政治はそれを目標として動いてきた。しかし前記を考えると、ＧＤＰは幸福の指標にはなりえないといえる。では、幸福とはＧＤＰそのものではなく、その増加率（右上がりの程度）にむしろ関連しているのだろうか。一九七〇年代以降はＧＤＰの増加率が高く、それに続く高度経済成長時代はまさにこれに相当する時代であった。確かにこの時代は活気にあふれ、エズラ F・ヴォーゲルの"*Japan as number one*"なる著書(30)でも日本の仕組みや特性が高く評価された。しかし、もしこれが正しいならば、GDPがいつまでも成長し続けなければ、人々は幸福を感じ続けられないことになってしまう。そもそも、無限にGDPが成長し続けるのは不可能である。一方、そのように大きな経済活動を行わなくても、生活に必要なものは十分に確保できるので、別の幸福の形があるはずである。

幸福とは何か

ではいったい、幸福とは何なのだろうか。まず生活に必要な物はそろっており、一定以上の収入が確保される必要があるのはいうまでもない。そのうえで、何らかの仕事に従事し、余暇を自身の趣味や生き甲斐に使えるような生活ではないだろうか。さらに、友人や隣人との温かい交流があり、自身と社会との豊かなつながりを自覚できることであるように思う。

それを実現するのに、他国や他企業と競争し、勝ち残ることだけを第一と考えているのでは、無理である。熾烈な競争社会では必ず敗者が生まれるわけであり、勝者といえども大いに疲弊してしまうからだ。企業競争に勝ち残るには、人件費を抑制しながら労働者を精一杯働かせなければならない。そのような仕組みでは決して多くの人が幸福にはなれない。現代社会では互いの市場を奪おうと競争し、安売り競争を極限まで繰り広げている。その結果、多くの人の給料は下がり、庶民の購買力も低下してしまう結果となっているのが現状である。

私たちはもっとゆったりと落ち着いた生活をしながら、社会と豊かなつながりをもち、個々人が充実した日々を送ることを目指すべきであるし、可能なはずである。

サービスと対価からみた雇用論

貿易の拡大は全体的に国を豊かにする特性をもっているが、同時に所得の再配分や海外依存率の上昇にともなう安全保障上の脆弱化についても配慮しなければならない。この点、現在のわが国は過度に全体的なＧＤＰの向上と輸出増加に力点を置きすぎているように感ずる。一般に輸出を増加させようと努力して輸出超過となると、その国の貨幣価値が上がって徐々に円高となる。すると輸出がしだいに難しくなる一方、国際競争力の弱い産品の輸入が拡大し、関連する産業が衰退する。したがって、当然のことながら貿易の拡大は産業分野の伸縮を生じ、縮小する産業に対する配慮が必要である。一方、極力国内で地産地消するような産業構造を強化することも、国民の雇用と消費の関係から好ましい要素がある。特に食料やエネルギーなどは安全保障の観点からも、こうした構造に近づけるのが望ましい。そこで、この点についてもう少し考えてみよう。

図13は企業、家庭、学校、個人、行政などの各種事業主体がサービス（Si）を提供し、そのサービスに対して対価（Gi）を受け取る関係を図示したものである。行政もサービスを提供し、その対価を税金といった形で受領していると解釈できる。そして、このサービスの総和がＧＤＰとなる。この関係のままでは複雑すぎるで、これを図13右のように二人の関係に単純化してみた。すなわちサービスの総和を人口で割った一人当たりのサービス能力を有している二人を

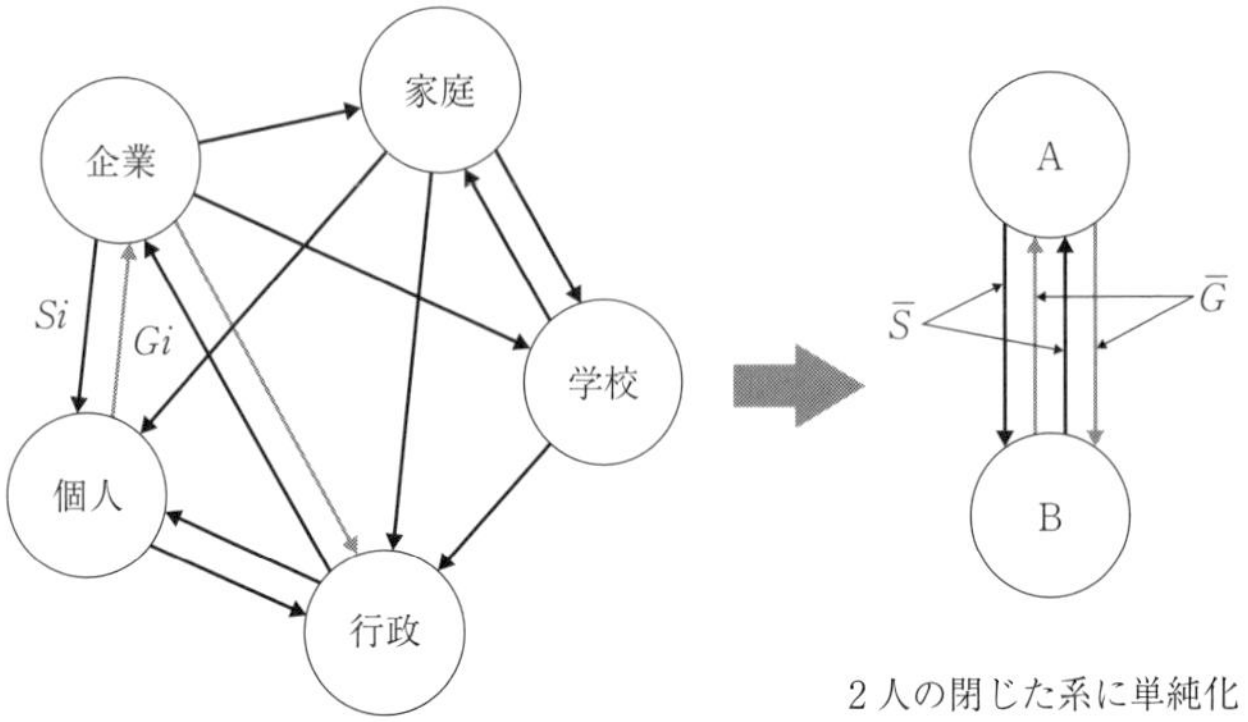

図13　社会におけるサービスと対価の関係(近久，2014より)[25]
G：対価，S：サービス，$\overline{\mathrm{G}}$, $\overline{\mathrm{S}}$は平均を意味

考えるのである。まず、Aには種々のサービス能力があるので、Bは一〇万円をだしてAからあるサービスを購入すると考える。次に、Aは獲得した一〇万円を用いてBがもっている別のサービスを受けることができる。この一〇万円のキャッチボールを繰り返すことによって、互いにサービスを提供し合い、お互いが豊かになれる。この間、いずれも労働を提供し合っているので、互いの資産を食いつぶしていることにはならない。すなわち、互いに多様なサービスを提供し合い、お金のキャッチボールをすることによって、関係者たちは幸福になっているのである。預金を増やすことに幸福を感じる人の場合でも、そのお金は銀行から企業などに融資され、お金が社会で循環している点では同様である。

ここで、「花見酒」という落語を連想する。花見に酒を売って酒代を稼ごうとする二人が互いに一〇銭を支払って酒を売り買いし、飲み干してしまった結果、一〇銭しか残らなかったという話である[31]。この「花見酒」を引き合いに、私の話は正しくないといわれたことがある。しかし、「花見酒」の場合も二人は事前に酒造りの労働をしており、酒を提供しあって心地よさ（幸福感）を獲得しあっている点では同様である。

このように考えると、経済の豊かさとはこのキャッチボールの回数が多いことに相当する。キャッチボールが繰り返されれば互いにサービスを提供し合い、それによって受け取った対価で次のサービスを購入し合うことになる。

ここで合理化を進め、少ない労働者で製品を製造するやり方を過度に進めると、キャッチボールの輪のなかに加われない人が発生し始める。すると、需要の全体量が縮小していき、しだいにこのキャッチボールの輪がさらに小さくなっていく可能性がある。現代は機械化の発達によって一人当たりの生産性が非常に増大しているので、こうした状態になりやすい危険性がある。

国内経済活性化のための経済考察

まず、貿易には輸出と輸入が概略同程度となるバランスメカニズムがあると思われる。図14は一九五〇年から二〇一〇年までのわが国の輸出と輸入の推移を示したものである。両者は完全には一致していないが概略同様な変化となっていることがわかる。これは、輸出を増やし貿易収支の黒字が大きくなるとしだいに円高にシフトし、それにともなって輸入が増大する一方、輸出競争力が低下することによるものと考えられる。

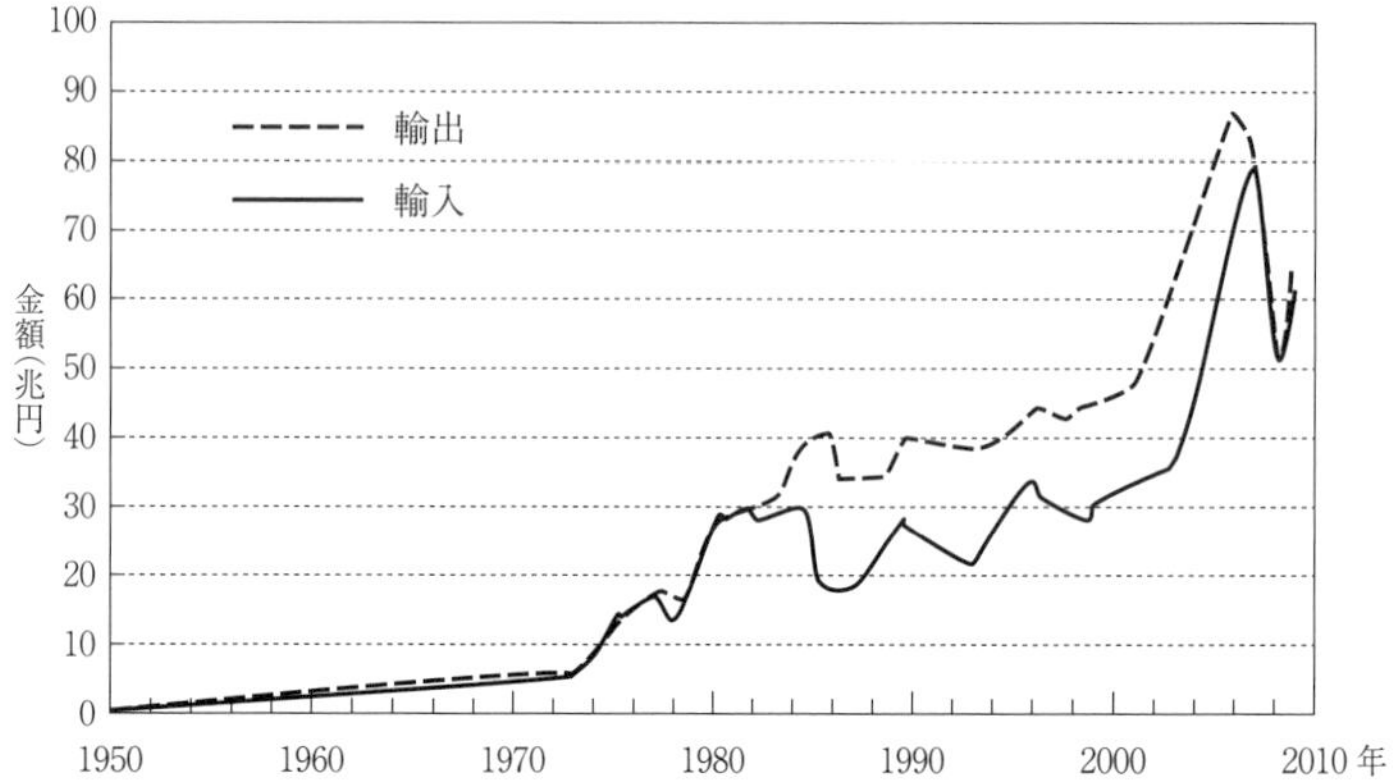

図14　輸出入総額の推移（財務省貿易統計を基に作成）(32)

次に平均的な家計について考えると、収入と支出はバランスをとらなければならないので、国民が欲しいと思う物品やサービスの総額と労働者全体の総賃金とは一致する。この場合、貯金も支出のなかに入っており、相当するサービスを受けていると考える。一方、サービスは国内生産によるサービスと輸入品によるサービスの和となる。したがって輸出と輸入のバランスメカニズムをあわせて考えると、次式のような関係となる。

$$S_t = S_d + S_{in} = S_d + S_{ex} \qquad \text{式⑤}$$

S_tは国民が必要とするサービス、S_dは国内生産によるサービス、S_{in}は輸入によるサービスで、S_{ex}は輸出である。

ここで、国民が必要とするサービスS_tは概ね一定量であるので、国内生産によるサービスS_dと輸出S_{ex}の和も一定となる。ここで、収入の視点から国内生産も輸出も両方を増やしてさらに豊かになりたいと思うところだが、そうはならない。なぜなら、輸入によるサービス（これはS_{ex}と同等）と国内生産によるサービスの和が国民に提供されるサービスであり、それ以上の輸出の拡大は長期的視点で必要とする以上のサービスを国内に提供することになるからである。ここで、輸出を増やすことに一生懸命になることは、必然的に国内生産によるサービスを減少させることにつながり、私たちのサービスはほとんど輸入品で賄われることになる。これに対して、国内生産によるサービスを増加させることは地産地消型の経済が発達することとなり、海外からの影響に対して強靭となる。したがって、この両者のバランスを考慮した経済構造とするのが望ましい。

次に、商品の価格を極力安くし安売り競争をした場合を考えてみよう。消費者からみるとサービスに対する支出が減少して一見嬉しい。しかし、サービスの総額と労働者全体の総賃金とは一致することを考えると、これは同時に給与を下げるか、労働者数を減少させることにつながる。すなわち、サービスの価格と給料や雇用率は裏腹の関係にあるといえる。雇用率を下げずに平均給与を下げた場合には、サービス価格も低下するので貨幣価値が変化しただけで実質的に変わりはない。しかし、通常は給与をあまり変えずに雇用率で調整する可能性が高い。したがって、競争を熾烈《しれつ》にして安売り競争を進めた場合には失業率が上昇し、これがサービス需要のさらなる減少をもたらすこととなり、よりいっそう失業率を押し上げる悪循環を引き起こすことになる。

逆に、一人当たりの給与を上げるとともに雇用率を最大化した場合には、サービス需要も増大することになる。ただし、需要には限界があるので、目指す経済は国民が必要とする最大サービスと、これにバランスする給与ということになる。ここで、生産性が上がり少数の労働者によって必要なサービスを提供できるようになった場合には、一人当たりの労働時間を減少させながら給与を維持し、全体的な労働者数を減らさないようにしなければならない。すなわち、ワークシェアの概念である。ここで、人減らしを始めたならば、前述した悪循環に陥ることになる。

以上より、国民の多くが豊かになるには、必要とするサービスをできるだけ多くの国民が受け取ることができるようにして需要を喚起し、その購買能力を維持するために労働可能人口全体がサービスを提供すること（雇用にありつけること）が必要といえる。そのためには失業者を生まないように、場合によっては一人当たりの労働時間を短縮することも重要である。じつに当たり前の関係だ。

以上は平均給与をベースとして解析を行ったものだが、実際には給与の差がある。この給与の幅が大きくなると貧富の差が大きくなり、十分なサービスを受容できるだけの給与をもらえない人の数が増大することとなる。高い給与を受領している者が低所得者の需要の落ちこみ分をカバーするだけの消費を行ってくれる場合には全体としてバランスが保たれるが、個人が必要とする需要には限界があるので、結局全体のサービス需要が低下することになる。すると前述したような悪循環が生じる。

現在は一人当たりの生産性が上がり、主要関連産業の必要労働者数が減少しているはずであるにもかかわらず、失業率は低く保たれている。これはごく低賃金でようやく成立する事業を必死になってつくっているためと考えられる。近年、人手不足によって外国人労働者の受け入れ枠を広げようとしているが、これも実は人手不足なのではなく、極端に安い労働力で成立する事業が多数ある社会構造のためと解釈される。本来、労働力不足であれば、しだいに労働賃金が上がり、労働の需要と供給がバランスする。したがって、正しくは安い労働力を確保するのではなく、全体的に高い労働賃金と限られた労働時間の条件で社会がバランスするような生産・需要構造を目指すべきだといえる。

労働賃金と需要は裏腹である。したがって、好ましい需要を喚起するためには労働賃金を高く保ちながら貧富の差が拡大するのを抑制し、多くの人が豊かな消費行動を行えるようにワークシェアや税制あるいは社会保障制度を設計することが重要といえる。

価格が高いことは必ずしも悪いことではない

図15は競争が比較的穏やかで給与も高く保てる左側のケースと、競争が激しくなり全体的なコストを極限まで下げた右側のケースを比較したものである。競争が穏やかな左側に比べて競争の激しい右側は全体的なコストが二五％低減しているのに対して、給与は五〇％も減少している。これは競争が激しくなっても削減できない基本的なコストがあるためである。この基本的なコストの主たるものは海外から輸入しなければならない材料やエネルギーなどに関するものである。このことからわかるように、価格競争にある程度の制約をかけて給与を比較的高く

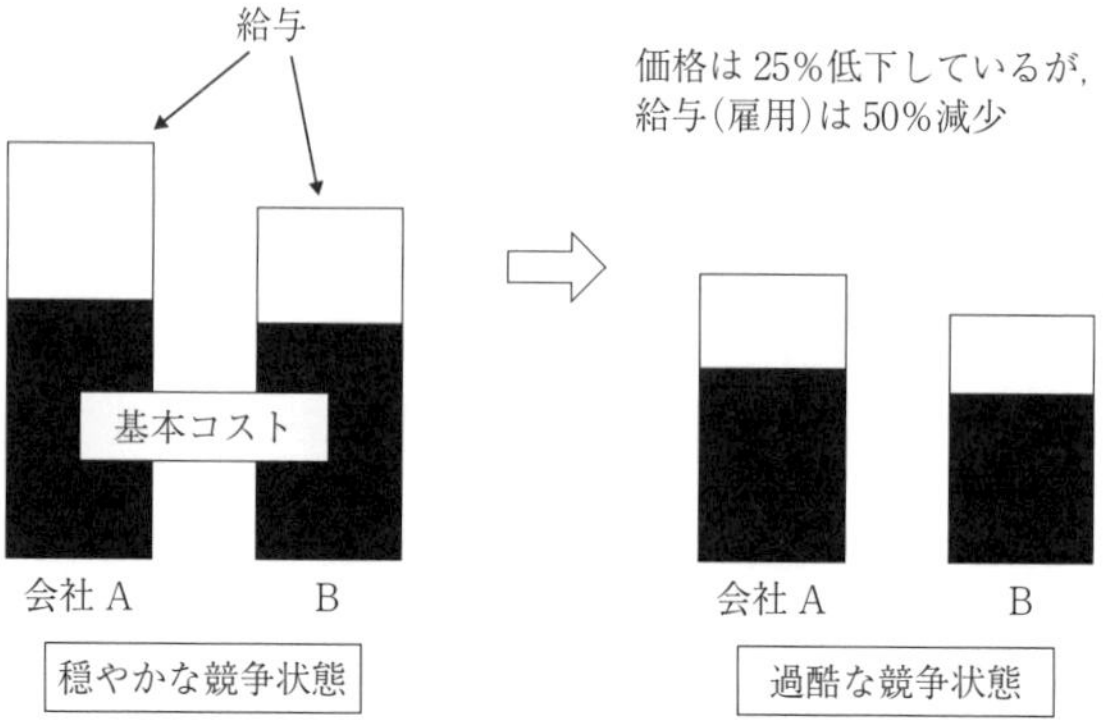

図15　異なった競争状態における製品価格と給与の関係

保つようにした場合には、給与の上昇に比べて全体的なコスト上昇はそれほど大きくはならず、望ましい形態となる。こうした効果は、特にその極限に近い価格低減競争状態の場合に大きいといえる。

ここで価格は多少高くてもよいというと、日本製品の海外競争力はどうなるのかという不安がでてくる。この影響は多少あるだろうが、海外競争力が低下すると円安に変化する作用が加わるので、その影響はある程度緩和される。特に、特定の産業に偏ることなく日本全体で余裕のある給与体系にしたならば、為替変化作用がより早期にあらわれ、その効果はさらに大きくなる。

前述したように、経済活動はサービスの提供を通したお金のキャッチボールであり、この輪を大きく活発に保つことが重要である。お金のキャッチボールを継続するにはみなさんに雇用が必要であり、このなかで失業してキャッチボールの輪から除外される者がでてくると、しだいにキャッチボールの輪がしぼんでいくことになる。そういう意味で、現代社会において進行している人件費削減競争ならびに生産拠点の海外移転といったトレンドは、長期的視点では日本国内の経済を衰退させる可能性が高い。派遣労働者制度もこうした要素が強く、一時的に経済競争力を高める効果はあったが、長期的には国民全体の購買力を低下させてしまっただけであったと思われる。

海外貿易を盛んにすることはこのキャッチボールの輪を世界に拡大することであり、経済を活性化することに変わりはない。国際的な分業が順調に行われている限り、こうしたやり取りに問題は生じないが、食料などの海外依存が高まると、安全保障上から脆弱な経済構造が形成されることになる。しかも、単に輸出を増やそうとすることは、結局円高を誘発し、為替レートの変化によって国際競争がより苦しくなる側面が加わる。したがって貿易においては、わが国で生産できない物を主として輸入し、その額に見合った程度の輸出に概ね留めるバランス感覚が必要である。企業にはこの全体を見ながらバランスよく貿易をする哲学はないので、関税や法人税を操作しながら行政的にこの貿易バランスを調整するのが効果的といえる。

いずれにしても、本章では幸福を考えるうえで国民全体の雇用を確保することが重要であり、生産性向上にともなう人減らし競争には注意が必要なことを示した。その意味で、将来のエネルギー選択を考える場合に、エネルギーコストが安いことに過度に目を奪われるべきではなく、たとえエネルギー価格が割高となったとしても、いかに国内の雇用拡大に寄与したかを考えるべきであるといえる。再生可能エネルギーの拡大はその意味で意義深く、価格が高いといってもその程度は許容できるものであって、雇用拡大効果を考えると図15に示すような意味合いが大きい。この考えこそが、これまで価格第一主義で選択されてきたエネルギーの呪縛から逃れられる、まったく新しい視点といえるだろう。

第五章　自然エネルギーの可能性

再生可能エネルギー

太陽エネルギーや風力エネルギーのような自然エネルギーのほか、木材ペレットや家畜糞尿からつくられるバイオガスなどは再生可能エネルギーと呼ばれる。これは基本的に太陽活動の営みのなかで変換されるエネルギーであり、大気中の炭酸ガス（二酸化炭素）を増やすことにはならないからである。森林は空気中の二酸化炭素を吸収して成長するので、それを燃料として燃やしたとしても二酸化炭素を大気に再び戻しただけであって、それを増加したことにはならない。同様に家畜糞尿も元を正せば自然の植物が餌となって変化したものであり、そこからつくられたガスを燃やしても再度大気中に二酸化炭素が戻るだけであるのは同様である。これらはいずれも元をたどれば太陽エネルギーに由来しており、炭酸ガスは単に循環しているにすぎない。再生可能エネルギーにはこのほかに、地熱や水力、あるいは潮力エネルギーなどが含まれる。石炭や石油も元をたどれば太陽エネルギーに由来しているが、このようなきわめて長い時間による化石燃料はこれには含まれない。

こうしたさまざまな再生可能エネルギーのなかでもっとも期待できるものの代表は太陽と風力エネルギーである。もちろんこれは地域によって異なり、地域特性に合わせたエネルギー選択をすべきなのはいうまでもない。水力は良質なエネルギー源であるが、有望なものは既に大部分が開発され尽くしており、小さな川や農業用水などの小水力しか残っていない。また、地熱エネルギーも良好な立地点が国立公園内に多くあったり、既存温泉への影響が懸念されたり

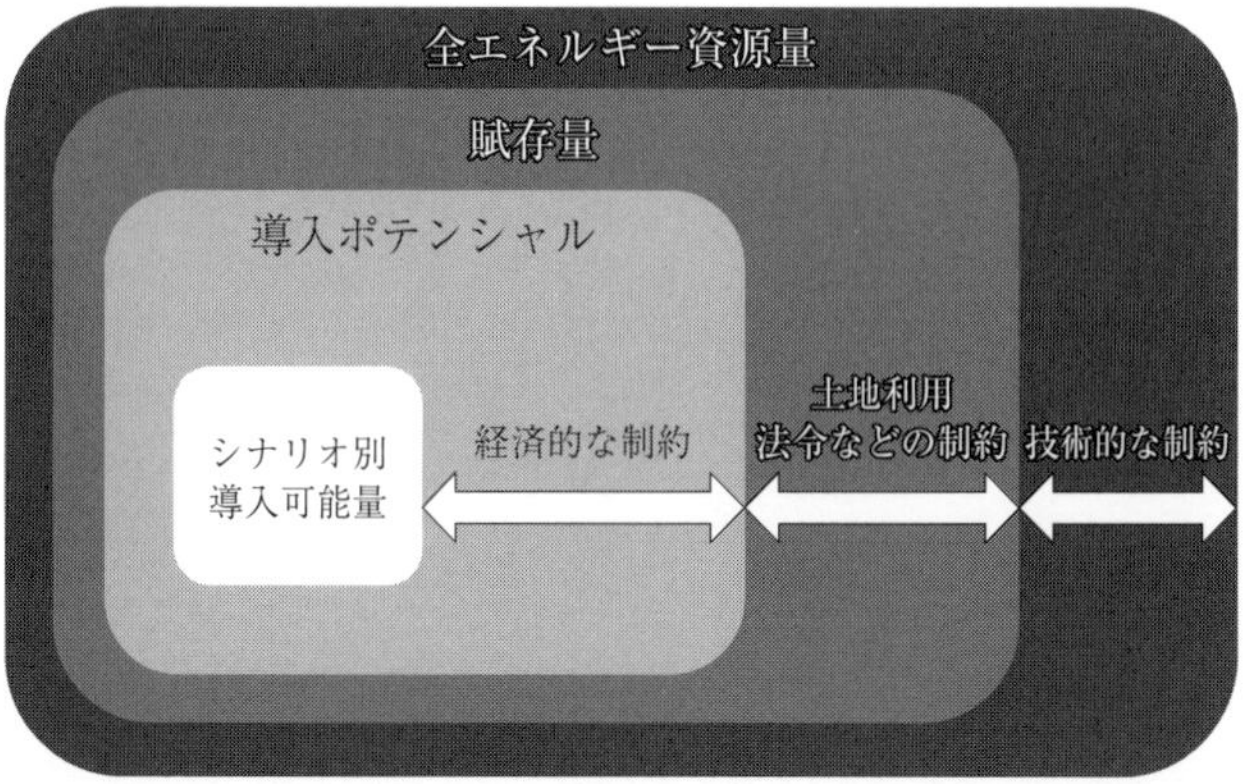

図16　利用の難易度による再生可能エネルギーの分類定義(エックス都市研究所・アジア航測・パシフィックコンサルタンツ・伊藤忠テクノソリューションズの報告書を基に作成)[34]

するために、資源量は限られている。

再生可能エネルギーの導入可能量

わが国の再生可能エネルギーの導入可能量を調査したものとして環境省による平成二二年度の報告書がある[33]。まず、エネルギーの利用可能性の程度に応じて、図16に示されるように用語が定義されている。対象とするエネルギーの総量を「全エネルギー資源量」と呼び、そのなかで設置可能面積、平均風速、河川流量などから、理論的に現在の技術水準で利用可能なエネルギーを「賦存量《ふそんりょう》」と呼んでいる。ただし、このなかには土地の傾斜、法規制、土地利用、居住地からの距離などの種々の制約条件は考慮していない。こうした制約のあるものを除外したのが「導入ポテンシャル」と定義される。さらに、事業収支に関する特定のシナリオ(仮定条件)を設定した場合に具現化が期待されるエネルギー資源量を、「シナリオ別導入可能量」と定義している。したがって、私たちが利用できるエネルギー量の大きさを論ずる場合、導入ポテンシャルが目安となる。

この調査報告書では、太陽光発電に関して「公共系建築物」、「発電所・工場・物流施設」、「低・未利用地」、「耕作放棄地」に分類して詳細に導入可能な量を調査している。また風力発電に関しても、陸上風力については「標高」、「最大傾斜角」、「法規制等区分」、「居住地からの距離」、「都市計画区分」、「土地利用区分」を考慮しているほか、洋上風力については「離岸距離」、「水深」、「法規制区分」を詳細に考慮している。さらに、有識者や事業者へのヒアリング、また、個別地点の現地調査などを通じて、推計結果の妥当性を検証している。したがって、本調査報告書による導入可能ポテンシャルは、努力しだいで実現可能なエネルギー量をかなり正確に把握したものと位置づけられる。

これによると、非住宅系太陽光発電の導入ポテンシャルは一・五億kW(設備利用率が一二%であることを考慮すると実質的な平均出力は一八〇〇万kW相当)、風力発電は陸上風力と洋上風力を合わせて一九億kW(同四億八〇〇〇万kW相当)、小水力発電(河川部と農業用水路、三万kW以下のもの)の導入ポテンシャルは一四〇〇万kW(同九一〇万kW相当)、地熱発電の導入ポテンシャルは一四〇〇万kW(同九八〇万kW相当)と推計されている。したがって、稼働率を考慮した実質的な発電ポテンシャルの総和は五億一六九〇万kWとなる。

二〇〇九年度時点における全国の発電設備容量が二億四〇〇〇万kWであることと比較し、前記の導入ポテンシャルはその二・五倍程度になることがわかる。一方、震災前の二〇〇九年度の原子力発電は五四基、総発電設備容量四八八五万kW、平均稼働率が六五・七％であり、稼働率を考慮すると三二〇〇万kW相当の設備量であった[35]。したがって、努力しだいでほとんどの電力を再生可能エネルギーでまかなうことができるポテンシャルがあるということができる。

北海道をモデルとした太陽および風力エネルギーの導入量試算

北海道を対象とし、まず太陽電池の可能性に関してその必要面積を計算してみた。一kWの太陽電池の必要敷地面積はパネルおよび周辺機器の必要面積を合わせて七㎡ぐらいといわれている。一例として、この一kW級の太陽電池を札幌に設置して一年間発電すると、曇りの日や雪の日も勘案して年間でおおよそ一ＭＷ-h[36]（一kWの発電を常時一定に一〇〇〇時間〈約四二日間〉発電に相当：稼働率約一二％）くらいの発電をする。そうすると、大型の一〇〇万kW（一GW）級の原子力発電所一基が稼働率を一〇〇％として一年間につくる電力と同等の発電を行うのに必要な太陽電池の敷地面積は約六一〇〇haということになる。これは直径約九kmの土地に相当している。コストの話は後ほど論ずることとして、面積的には山の手線内側の面積に匹敵することになる。原発一基に相当する電気を太陽電池でつくるには山手線内側程度の面積が必要といわれており、おおよそこの試算がそれと合致していることがわかる。

では、この面積は途方もなく大きな数字なのだろうか。原子力発電事故で汚染された地域を描いた地図上に、直径九kmの円を記入してみると、現在人が住めなくなってしまった面積に比

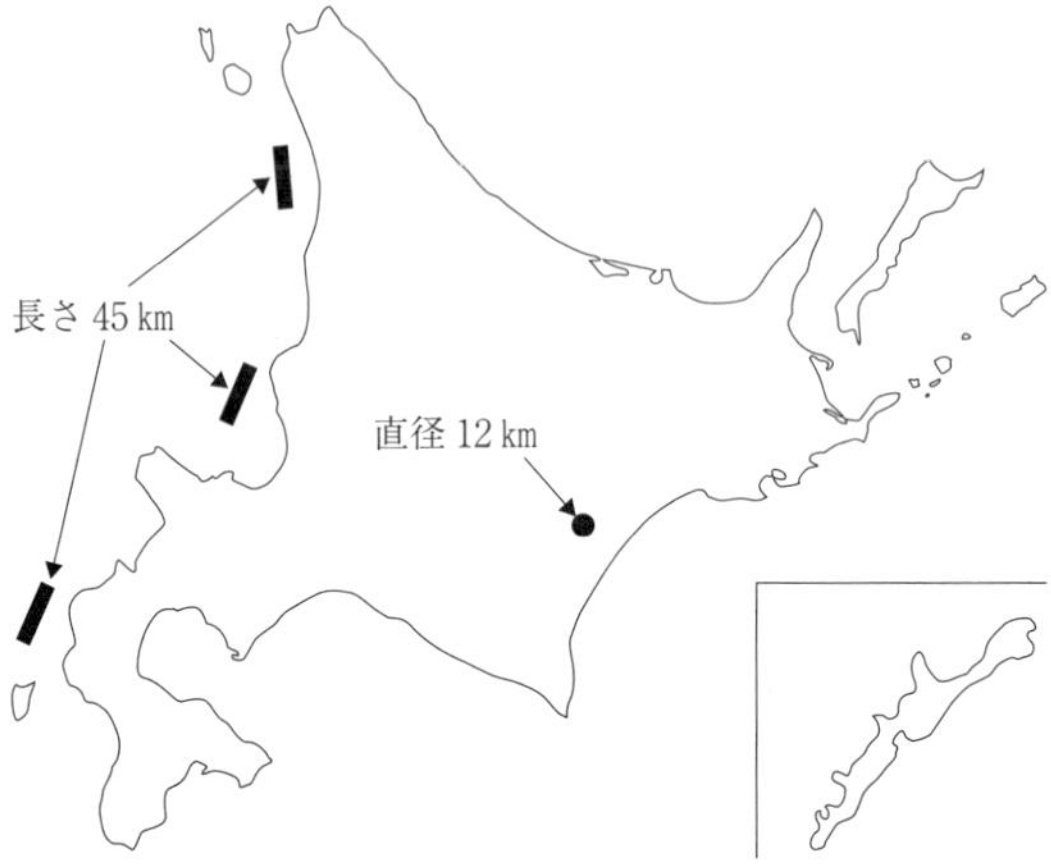

図 17　全電力量を風力(50%)および太陽(50%)で供給する際の面積イメージ

べて必要太陽電池敷地面積はわずかであることがわかる。したがって、十分に現実的な面積で既存の大規模発電と同程度のエネルギーをつくりだすことが可能といえる。

　同様に風力についても設置面積と年間発電量の関係を導出することができる。比較的風況のよい北海道では、直径六五m・一五〇〇kW級の風車が一年間に生産する発電量は、三GW-h（設備利用率約二三%）以上あるといわれている[37]。したがって、一〇〇万kW級の原子力発電が年間につくりだすのと同程度の電力を風力発電で発生するには、二九〇〇基の風車が必要なことになる。これは確かに結構な数であるが、これに要する敷地面積はわずかである。

　次に、北海道を例にして、その年間使用電力を太陽電池五〇%、風力五〇%で賄う場合の必要面積を試算した結果が図17である。一年間に道内で消費している電力は約32×10^9kW-hであり、これと同等の発電を行うには、直径一二㎞の面積に太陽電池を並べる一方、直径六五m級の風車を風の方向に六五〇m間隔で八列、風と直角方向に二〇〇mの間隔で全一三五㎞並べると達成できる。この場合、風車の数は五四〇〇本ほどにもなるが、地図上に一三五㎞を取ってみるとそれほどの長さではない(実際には陸上に分散して設置されるが、長さの概念を海上に示した)。したがって、人工衛星から眺めると、図17のような面積と長さに太陽電池や風車が並んでいる様子が観察されるわけである。人工衛星からイカ釣り船の明かりを写した写真がインターネット上にあるが[38]、イカ釣り船が照らす面積と比べると、風車や太陽電池が占める面積はそれほどでもないことがわかる。さらにこれらの面積に比べて、田んぼや畑の面積の方がはるかに広大であるのは容易に理解できる。したがって、自然エネルギーによって必要な電力をつくりだすのに要する面積は十分に現実的な範囲内にあるといえる。米作や畑作の農地のために必要となる広大な面積と比べて、再生可能エネルギーに必要な面積は桁違いに小さいのである。

次にコストが実現可能な範囲内に入っているかどうか試算してみよう。太陽電池一kW当たりの設備コストはおおよそ四〇万円と考えると、前述した一〇〇万kW級原子力発電と同等の電力を発生するための太陽電池関連設備費は土地代を含めないで三・五兆円となる。同様に、ローター径六五m級の風車の設備費がおおよそ五億円とすると、二九〇〇本設置するには一・五兆円となる。これを年間の発電量で割り、さらに償却年を一〇年として単純計算すると電力単価は太陽電池が四〇円／kW-h、風力発電が一七円／kW-hとなる。

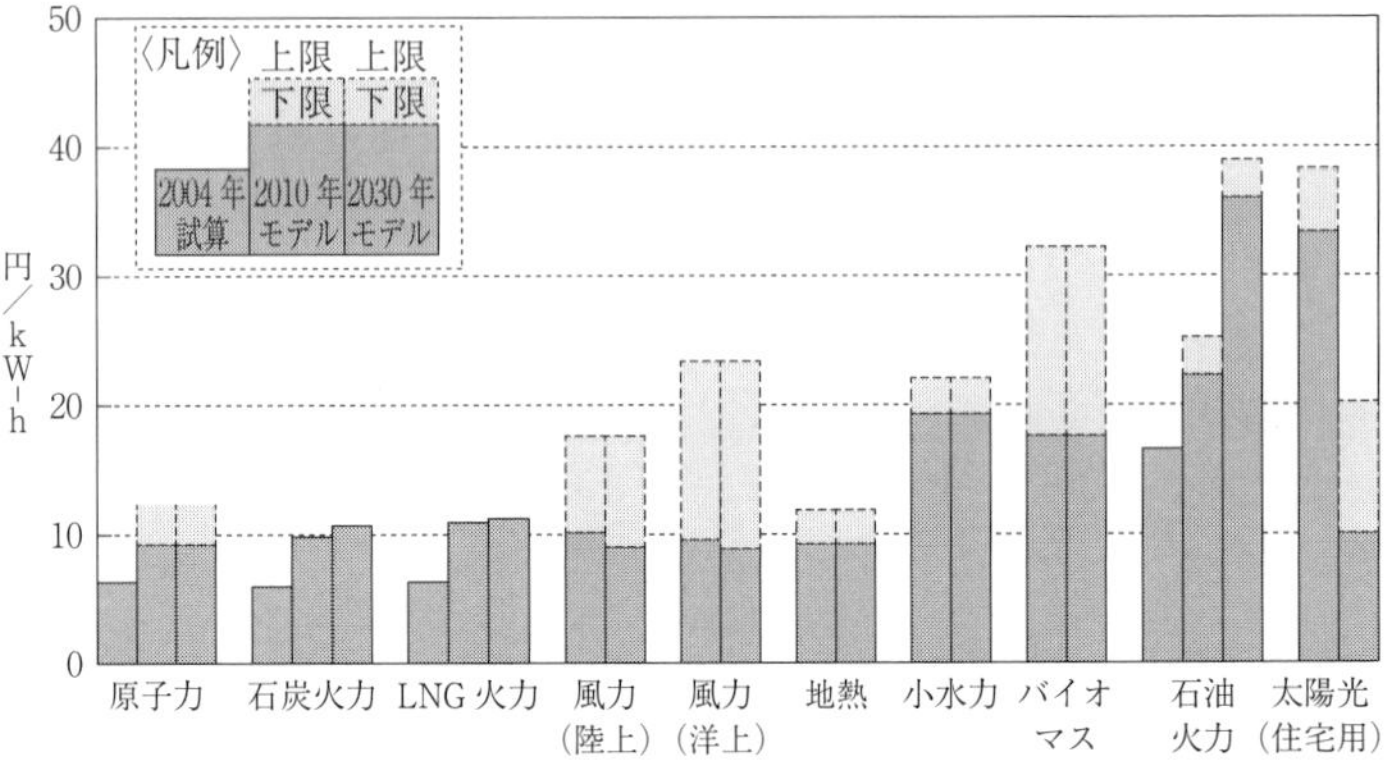

図18　コスト等検証委員会による発電単価分析（コスト等検証委員会報告書を基に作成）[39]

図18は平成二三年一二月の国家戦略室会議に提出されたコスト等検証委員会の報告書にある発電単価比較である[39]。前記の計算と概略対応していることがわかる。二〇一〇年における上限と下限の中間値は、風力が一四円／ｋＷ-ｈ、太陽電池が三六円／ｋＷ-ｈ程度となっている。これが二〇三〇年になると、風力発電のコストはあまり変わっていないが、太陽電池は一七円／ｋＷ-ｈ程度まで安くなると試算されている。現在の原子力発電や石炭が約九円／ｋＷ-ｈ、ＬＮＧ発電が約一一円／ｋＷ-ｈであり、石油火力は二四円／ｋＷ-ｈ程度となっている。これと比較すると、確かに自然エネルギーは割高であるが、それでも何倍も高いわけではない。石油火力は明らかにコスト高となる見込みだし、石炭やＬＮＧ火力においても将来的には排気ガスから炭酸ガスを分離回収し、地中に埋めるコストがかかることを勘案すると自然エネルギーと同程度のコストになるだろ

う。さらに、原子力発電における放射性廃棄物の処分コストや福島第一原子力発電所の大規模事故処理にともなう損失が莫大となる可能性を考えると、むしろ自然エネルギーの方が割安といえる。一方、ドイツでは太陽電池や風車の設置が盛んでコストが大いに下がっており、[40]太陽電池が一一円／ｋＷｈ（日本の三〇％）、風力は一〇円／ｋＷｈ（日本の七〇％）となっており、当然、日本においても将来的に同程度の価格まで低下する可能性は高い。

なお、図18において原子力発電のコストは下限値が表示されているだけであって、その上限値は示されていない。これは安全や廃棄物処理にかけるコストが不明なことによる。ドイツでは原子力発電の単価は九〜一七円／ｋＷｈ前後と試算されており、かなり割高になっている。[41]

変動を含めた自然エネルギー導入可能量の試算

前述した計算は平均的な発電量を比較したものであって、再生可能エネルギーの変動影響を考慮しておらず、そのために必要な設備コストは含まれていない。実際には、再生可能エネルギーの変動を吸収したり不足を補ったりするために、大規模蓄電設備や電力不足バックアップ用の火力発電が必要となる。

そこで本節ではこうした変動を考慮しながら、北海道を対象として自然エネルギーの導入量に対するコスト変化を解析した著者らによる結果の一例を紹介する。図19は二〇五〇年の推定エネルギー需要を対象として、電力供給に占める再生可能エネルギー量を増やしていった際の、発電に要する社会コストを解析した結果である。[42]ただし、価格は二〇三〇年予測の値を用いて

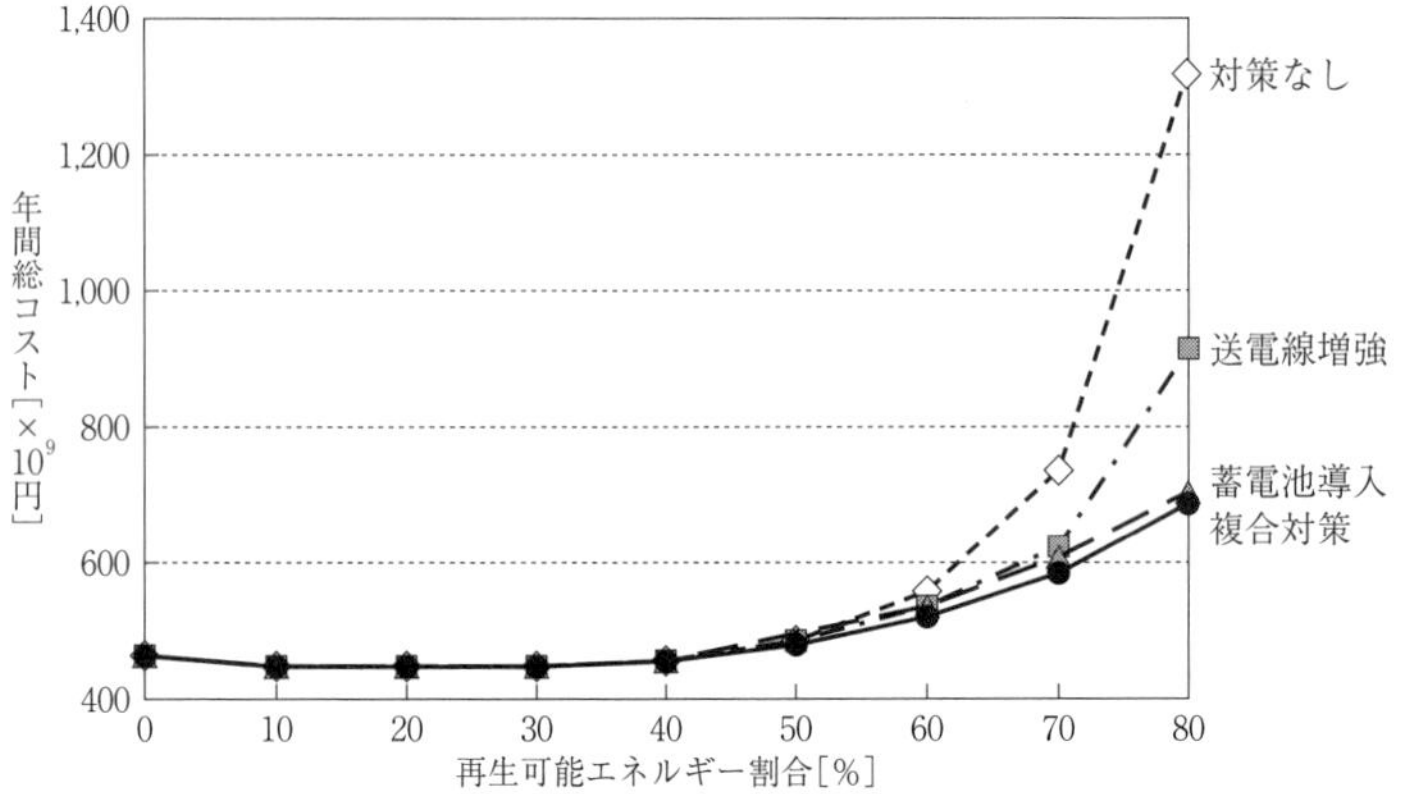

図19　北海道における風力・太陽光発電割合に対する発電コスト分析結果。価格は2030年，需要は2050年予測の値を用いた（高橋ほか，2017より）(42)

おり、概略二〇三〇年に対する推計と考えてよい。横軸は年間の全供給電力に対する風力および太陽電池による割合を（約一〇％の既存の水力発電は横軸割合には含まれていない）、縦軸はすべての発電に関する設備および運用費の合計である。ここでいう設備費とは既存の電源を含めたすべての電源構成に対する設備費であり、減価償却年数によって一年当たりの設備費に変換している（年利は三％としている）。この設備費ならびに燃料を含めた運用費は経済産業省・資源エネルギー庁の発電コスト検証ワーキンググループによる二〇三〇年推定データによる値を用いた(43)。したがって、縦軸のコストはすべての発電事業者をひとまとめにした際の、社会的な費用ということになる。風力や太陽の気象データは、風力二〇地点、太陽光一〇地点における二〇一四年の一年間にわたる一時間間隔データを用いている。また、道内を四領域に分け、それぞれの地域の一時間間隔需要および発電量を計算しているほか、領域間の送電制約を考慮している。こうした条件で、コスト最小となるように電源設備を選択した計算となっている。風力および太陽電池の導入量を増やしていった場合には火力発電設備が縮小するが、バックアップに必要な設備は維持されている。

世界の先進国のほとんどは二〇五〇年における再生可能エネルギーの割合を八〇％以上にすると宣言しており、わが国も同様である。解析では二〇五〇年における推定人口構成を勘案したエネルギー需要を与えているほか、泊村にある三基の原子力発電所はすべて耐用年数をすぎて、運転停止しているものと仮定している。発電量の一〇％程度を占める水力発電は一定運転されている。また、図中の線はそれぞれ、①現状のままの送電線設備とした場合、②送電線の適切な増強を許容した場合、③蓄電池の導入を許容した場合、ならびに④その両方を許容した場合の四ケースを示している。

これによると、電力供給量の五〇％程度まで自然エネルギーの割合を増加させていっても、コストの増加はほとんどないことがわかる。自然エネルギーの発電量が五〇％を超えるとコストが増加し始めるのは、変動にともなう余剰電力量が大きくなるためである。このコスト増加は、蓄電池ならびに送電線の増強を組み合わせることによって、大幅に抑制できることがわかる。

ここで、発生する余剰電力を水素に変換し、運輸部門やコージェネレーションなどで利用したならば、社会全体のエネルギー利用に占める自然エネルギー割合をさらに増加させることが可能となる。別途行った解析の結果、道央で水素製造する場合には圧縮水素による輸送が適していて、水素価格が二五円／N㎥（ノルマル・リューベ。温度・圧力を基準状態にした際のガス体積）以上になると製造利益が生じること、道北で水素製造する場合には液化水素による輸送が適しており、四五円／N㎥程度以上になると利益が生まれると試算された(44)。ちなみに、現在の燃料電池自動車用の水素の販売価格は約一〇〇円／N㎥となっている。

以上より、自然エネルギーはコストの面からみても、それほど割高とはならず、少なくとも将来的に五〇％程度の導入は十分に可能な潜在性があるといえる。

WWFジャパンによる脱炭素社会に向けた長期シナリオレポート

野生動物の保護や地球温暖化防止の活動を行っている世界自然保護基金ジャパン（WWFジャパン）から、二〇一七年二月一六日に『脱炭素社会に向けた長期シナリオ2017―パリ協定時代の2050年日本社会像』と題した研究報告書が発表された(45)。WWFジャパンは、野生動物の乱獲などによる急激な減少に対する危機感から一九六一年に設立されたWWF（World Wildlife Fund 世界野生生物基金）インターナショナルと連係した活動を行っている日本の公益社団法人である。興味深いレポートなので、ここに要約して紹介することにしよう。

そのレポートによると、無理のない省エネルギー技術と対策の普及などにより、エネルギー需要を半減（二〇一〇年比四七％減）させることができ、さらに必要なすべてのエネルギーを日本で利用可能な自然エネルギーで供給できるとしている。しかも、二〇一〇～二〇五〇年までの約四〇年間の設備費用は、何らの対策も行わないシナリオ（ＢＡＵシナリオ）に比べて三六五兆円増となるが、運転費用は四四九兆円のマイナスとなるため、正味の費用は八四兆円も少なくてすむと試算されている。

これらについてもう少し詳述すると、比較対象としたＢＡＵ（Business as usual）シナリオは、日本エネルギー経済研究所が発表している「アジア／世界エネルギーアウトルック２０１５」の二〇四〇年までの推計を二〇五〇年まで外挿し、さらに信頼性の高い人口予測データによる補正を行ったものをベースとしている。これと比較するものとして、二〇五〇年に一〇〇％自然エネルギーを目指す「一〇〇％自然エネルギーシナリオ」と、二〇五〇年までに温室効果ガス八〇％削減を目指す「ブリッジシナリオ」のふたつを設定し、必要な省エネルギーの程度や自然エネルギーの構成ならびにそのためのコストを試算している。

今のまま何の対策もしないＢＡＵシナリオでは、人口の自然減少と技術の進展によって二〇一三年に比べて二〇五〇年の一次エネルギー消費は約一〇％減少するが、石炭、石油および天然ガスによる化石燃料が八三％を占めている。また、原子力も七％を担う構成となっている。これに対して、ふたつのＷＷＦシナリオでは、まず省エネルギー技術導入の効果について解析を行っている。省エネルギー技術の対象には、ゼロエネルギーハウスや高効率な電気冷蔵庫、ＬＥＤ照明、インバータ制御によるポンプやファンの効率向上、鉄鋼業のリサイクル率向上、輸送部門のエコドライブ、電気自動車や燃料電池自動車の導入などを考慮している。解析の結果、二〇一〇年と比べた二〇五〇年の最終用途エネルギー需要は、「ＢＡＵ」で八一％、「ブリッジシナリオ」では六一%、「一〇〇%自然エネルギーシナリオ」では五三%まで低下すると試算されている。これに加えて、残りの必要なエネルギーを自然エネルギーによって供給する解析を行い、「一〇〇%自然エネルギーシナリオ」では、石炭、石油、天然ガス、および原子力は二〇二〇年から二〇五〇年にかけてしだいに減少し、太陽光、バイオマス、および風力がその分を補完するように増大する結果となっている。そして、二〇五〇年には水力(一一%)、バイオマス(一九%)、太陽光(三八%)、風力(一九%)が一次エネルギーの大部分を占める。またこれによる二酸化炭素換算ガスの排出は六四〇〇万トンが排出されるのみとなり、二〇一〇年と比べて九五%も二酸化炭素の排出量が減少することとなっている。

さらに驚くことはコストの試算結果である。試算に用いたBAUに対する石油価格はIEAの新政策シナリオの値(World Energy Outlook 2015)を用いている。二〇一〇年から二〇五〇年までの四〇年間にわたる設備投資と運転費用の総量をBAUシナリオと比べた結果、正味費用はいずれのシナリオもマイナスとなっており、設備投資額の増大分を上回るだけの運転費用の削減を獲得できることが示されている。その額は「ブリッジシナリオ」で九六兆円、「一〇〇%自然エネルギーシナリオ」でも八四兆円の費用削減となっている。

こうした試算はBAUシナリオにおける化石燃料価格の見積もりに大きく依存しており、今回の場合、いくつかの予測価格のなかでも高めの予測値を用いているので、運転コスト削減効果が多少大き目に試算されている(試算に用いたIEAの新政策シナリオにおける二〇四〇年の石油価格は二〇一〇年の約二・八倍)。しかし、パリ協定を遵守し、二酸化炭素削減をしっかりと目指すならば、化石燃料価格を上げて自然エネルギーが有利となるように政策誘導することは当たり前の選択である。今回の試算は少なくとも自然エネルギーに基づいた社会形成が十分可能なことを示しているといえる。

第六章　自然エネルギーの貯蔵技術と水素社会

電力貯蔵技術

自然エネルギーが主体となる社会を形成するには、その変動の大きなエネルギーをスムーズに利用できるような対応技術が不可欠である。風力や太陽による発電が過剰な際には、余剰エネルギーを何らかの形で貯蔵し、発電量が不足する場合には貯蔵したエネルギーで発電するか、あるいは不足分を補う発電装置(バックアップ電源)を準備しておく必要がある。

大容量の電池として、現在ナトリウム・硫黄(NAS)電池やレドックスフロー電池が開発されている。電池は高価であるほか、長期の貯蔵では放電によってロスしてしまうために、大容量といっても容量に制限があり、充放電周期の短い利用に限られる。この点、太陽電池は日周期で日中に集中した急峻な発電をするので、これらの電池との組み合わせが適している。これに対して、風力発電などは変動が気まぐれで、さらに季節による変動も大きいので、こうした電池は適していない。大容量で期間の長い電力貯蔵に適したものとして、揚水発電がある。これは余剰電力を用いて水をダムの上流に汲み上げておき、電力が必要な際に水力発電として機能させるものである。揚水発電は比較的長周期の電力貯蔵に適しており、貯水池容量が大きければそれだけ多くの電力を貯蔵することができる。ただし、揚水発電の適地は限られており、今後さらに開発を行う余地はそれほど大きくはない。

このほか、余剰電力を利用して水素を製造・貯蔵し、電力が必要な際にガスタービンや燃料電池で発電を行うやり方もある。これはパワー・ツー・ガスと呼ばれる方法である。ただし、水素製造・発電過程で効率が低下するので、必ずしも総合効率が高い方法とはいえない。それでも近年ではこの総合効率がかなり高い技術も開発されつつある。特に水素製造における性能向上のほか、全体的なコスト低下が進展したならば、将来有用な技術となる可能性がある。

また、水素は電力の貯蔵という利用以外に、直接運輸部門で用いることもでき、むしろこの方が有望である。すなわち、水素を自動車に搭載して、燃料電池によって乗用車やトラックあるいはバスを走らせるのである。水素ステーションさえ設置されれば、現在の自動車とほとんど同様の利便性で運行することができ、二酸化炭素のでない完全クリーンな自動車となる。特にトラックやバスを電気自動車で駆動するのは困難であるために、低二酸化炭素時代における有望な運輸形態をつくることができる。

バックアップに有力なガスタービン発電と二酸化炭素フリー燃料

自然エネルギーによる発電が不足する場合には、これを補填するバックアップ電力が必要となる。完全に自然エネルギーによる社会が実現するまでの中間的な期間では、石油や天然ガスによる火力発電が有望なバックアップ電源になる。この場合、電力の不足する時間だけ運転するために稼働率が低い発電設備となるので、効率は多少低くても安価で負荷応答特性に優れていることが望まれる。こうした要求に応えられるものとして、ガスタービンがある。ガスタービンは小型高出力で、負荷応答特性も優れており、発電効率は約三五～四〇％と多少低いもののシンプルで比較的安価だ。太陽電池も風力発電も稼働していないような時間帯のバックアップ電源として、私はこのガスタービンが有望と考えている。すなわち、自然エネルギーによって主たる電力供給を行うものの、自然エネルギーによる発電が不足する際にはガスタービン火力で電力を補うのである。

このガスタービンによるバックアップ電源は、長期的な二酸化炭素フリー社会においても有望である。ガスタービンの燃料は現状ではメタンガスであるが、水素やアンモニアを燃料とするガスタービン技術も開発されようとしている。すなわち、自然エネルギーが余剰な際に水素やアンモニアを製造しておき、それを電力が不足する際にガスタービンで燃焼するのである。アンモニアは有毒な物質であるが、水素に比べて貯蔵の点で有利となるために、余剰自然エネルギー利用技術のひとつとして検討されている。このほか、ヨーロッパでは北海で大量に発電される風力発電の余剰電力を用いてメタンガスを製造し、ヨーロッパ南部の消費地に輸送することも実証実験されている。いずれにしても、自然エネルギーの余剰分を利用して燃料ガス製造を行おうとするものである。

これと関連して、オーストラリアで利用されていない大量の褐炭と水を反応させて水素を製造し、これを液体水素の形で日本に輸送することが目下検討されている。現地の水素製造過程で発生する二酸化炭素はCCS技術（二酸化炭素を安定した地層中に封入し、地下貯留する技術）によって大気中に放出されないようにするのである。この場合、水素の液化過程で約二〇％弱のエネルギーが無駄になる。そこで、液体水素の代わりに液化メタン（LNG）を製造して日本まで輸送する選択も考えられる。その場合は、既存の天然ガスインフラを利用できるほか、製造や輸送ならびに供給に関する効率やコストを大幅に改善できる。ただし、完全に二酸化炭素フリーとするには、メタンを燃焼後の排ガスから炭酸ガスを回収し、オーストラリアに戻るタンカーで運んでCCS技術によって地下に埋設することになる。いずれの場合もCCS技術を前提としているほか、海外からエネルギー輸入する構造となるので、この点の意義については別途議論が必要である。

水素社会

自然エネルギーが主体となる社会では、その変動緩和のために余剰電力を水素の形に変換してエネルギー貯蔵したり、あるいはそれを直接運輸部門で利用したりすることが考えられる。この場合、水素の貯蔵や輸送の形態が問題となる。水素は容積が大きいために、高圧縮化または液化して貯蔵・輸送する必要があり、そのためのエネルギー消費も結構大きなものになる。

圧縮水素と液化水素の製造・輸送コストを比較した場合には、約五〇～七〇㎞圏内の水素輸送では圧縮水素が有利であり、それ以上の長距離の輸送では液体水素にして輸送する方が総合コストは有利となる(44)。ここで長距離を液体水素で輸送する代わりに、風力や太陽で発電した電気を電力系統を介して消費地近傍まで送電し、そこで水素製造を行うのであれば全体的な効率やコストを大幅に改善することができる。この場合、電力系統に及ぼす負荷が問題視されるが、系統における電力輸送は水道管内の水輸送と同様であり、遠く離れた風力発電設備の変動に同期しながら消費地の近くで水素製造を行うならば、系統にそれほど大きな負担をかけずに送電することができる。今後、このように広域的な視点で協調するシステム提案にも目を向けるべきと思う。

圧縮水素や液体水素による輸送のほかに、有機ハイドレードや水素吸蔵合金を利用する技術もある。有機ハイドレードは水素をトルエンと反応させてコンパクトで取り扱いの容易なメチルシクロヘキサンの形に変換し、貯蔵や輸送を行うものである。そして、水素を必要とする所で、これに熱を加えて水素とトルエンに分解して水素を取りだす。脱水素した後のトルエンは回収して、再度水素添加によりメチルシクロヘキサンに変換し、循環を行うのである。トルエンもメチルシクロヘキサンも液体であり、取り扱いが容易であるほか、液体水素と同等程度に多量の水素を単位体積中に取り込むことができる。この過程の難点は、水素の添加および取りだし行程で三〇〇℃程度の熱の出し入れを必要とすることである。水素吸蔵合金も同様にきわめて多量の水素を少ない容積の合金中に吸収・脱着できるが、その際に熱のやり取りが必要となるのは同じである。

この熱をうまく利用できなければ、その分、損失となってしまう。したがって、水素添加する所で発生する熱を有効利用できる熱需要があり、一方、水素を取りだす所で利用していない熱源があれば理想的となる。この両方が満足されなくても、水素添加する際に発生する熱を有効利用できたならば、少なくとも大きな無駄を生じることにはならない。たとえば、温度の高い固体酸化物形燃料電池（ＳＯＦＣ）やガスタービンで水素利用するならば、その排熱を利用して有機ハイドレードから水素を取りだすことができるので、水素取りだし側の熱は何とかできる。したがって、水素製造を行う所で、地域熱供給や温泉施設などが組み合わされるならば、エネルギー利用率の高いシステムの構築が可能となる。

さまざまな広域電力融通

自然エネルギーによる発電が不十分な際の対応は、バックアップ電源を用意するだけでなく、電力需要を抑制する方法も有効である。これをディマンドコントロールという。たとえば電力需給に応じて電力価格を変動させることによって、需要を多少制御することができる。電力需要を抑制したい場合に、電力単価を上げるのである。ユーザーはその情報を取得し、価格の安い時間に電気の利用時間をシフトするのだ。これは既にヨーロッパで行われており、電力市場において電力の売り買いが行われ、電力が不足する際には自ずと電力価格が上昇し、電力が過剰な場合には価格が下落するような仕組みとなっている。

また、系統電力線を通して広域電力融通できるならば、電力の平準化がやりやすくなる。たとえば、本州で電力不足のときに北海道で多量の風車が回っているような場合、北海道から本州に電力を送ることによって需給バランスをとることができる。このためには、大電流を長距離輸送できるように電力線の容量を大きくしなければならない。これには大きなコストがかかるが、ヨーロッパでは複数の国をまたいで電力のやり取りが行われていることを考えると、その費用は実現可能な範囲にあるものといえる。独立行政法人経済産業研究所の「日本の地域間連系送電網の経済的分析[46]」によると、送電設備投資の二〇〇〇年度実質価格は二億五〇〇〇万円／kmと試算されている。これに対して新幹線の建設コストは、北陸新幹線高崎・長野間を例にとると、[47]約七〇億円／kmとなっている。新幹線が国の重要なインフラとして建設されているとするならば、系統電力の強靭化についても国家的な重要インフラであり、その視点では二億五〇〇〇万円／kmは必ずしも高いインフラとはいえない。

水素燃料電池自動車や電気自動車もバックアップ電源に利用できるかもしれない。駐車していて移動予定がない場合に、電源システムに接続しておき、電力不足時にバッテリーもしくは燃料電池から系統に電力供給するのだ。この場合、電力不足情報に対応して給電量が制御され、それぞれの車両から供給された電力量に応じて車両の持ち主が収入を得る。情報や電力をやり取りするシステムと価格設定しだいでは不可能な話ではない。

家庭やビルで発電と熱供給を行うコージェネレーションもバックアップ電源になりえる。すなわち、電力が不足した際に、コージェネレーションを稼働し、発電を行うのである。コージェネレーションは発電と同時に発生する熱を利用できるので、エネルギー効率はきわめて高い。したがって、コージェネレーションで電力のバックアップを行いながら、必要な熱供給を行うのである。この際、電力需要と熱需要のマッチングが課題となるが、多少のずれは貯湯槽によって調整可能であると思う。仮にコージェネレーションの熱を捨ててでも発電を行う場合には総合効率が低下するが、バックアップ専用の電源設備をわざわざ用意することに比べて常用設備を有効活用している点、優良な調整電源になりえる。

以上、自然エネルギーを大量導入した場合の電力変動に対する対策技術はさまざまなものがあり、コストさえ許すならば自然エネルギーを主体とする社会の形成は十分に可能といえる。複数の電力貯蔵技術を最適に組み合わせ、電力変動に対応できるシステムを長期的に構築していくことは、強靭な国家形成のために重要な課題である。

第七章　地域協調に基づいた有望な省エネルギー技術

コージェネレーションおよびヒートポンプ技術

温室効果ガスの削減に対して、自然エネルギーの導入拡大とともに省エネルギーも大きな効果をもつ。なかでも省エネルギーの有力な技術としてコージェネレーションがある。これは発電機をビルや家庭に設置して発電を行う一方、その排熱を暖房や給湯に利用しようとするものである。図20はコージェネレーションのエネルギーフローを示したものである。大型発電所では燃料のエネルギーのうち四〇%くらいが電力に変換され、残りの六〇%近いエネルギーは冷却用の海水に捨てられている。これは発電を行ううえでどうしても発生する排熱であり、この温度を低くするほど発電効率が上がるので、多くの火力発電所では海水を利用して冷却している。この捨てられている熱を使って暖房や給湯を行おうとするものがコージェネレーションである。発電効率は三〇~三五%と若干低くなるものの、排熱を有効利用できるので、総合効率は八五%以上となる。これにより、暖房や給湯に用いられている石油やガスの消費を抑制することができ、従来型(電気は発電所から、暖房・給湯は化石燃料を用いたボイラーから)と比べて概略二〇~三〇%程度の炭酸ガス削減効果がある。また、大型のコージェネレーションではその排熱を使って吸収式冷凍機を動作させ、冷房を行うことも可能である。

一方、ヒートポンプは熱を低温側から高温側に汲み上げる装置であり、家庭用のエアコンがそのひとつである。図21はそのエネルギーの流れを示したものである。冷房時には、室内から吸熱して蒸発したガスをコンプレッサーで圧縮して高温・高圧とし、外気に放熱する。放熱後

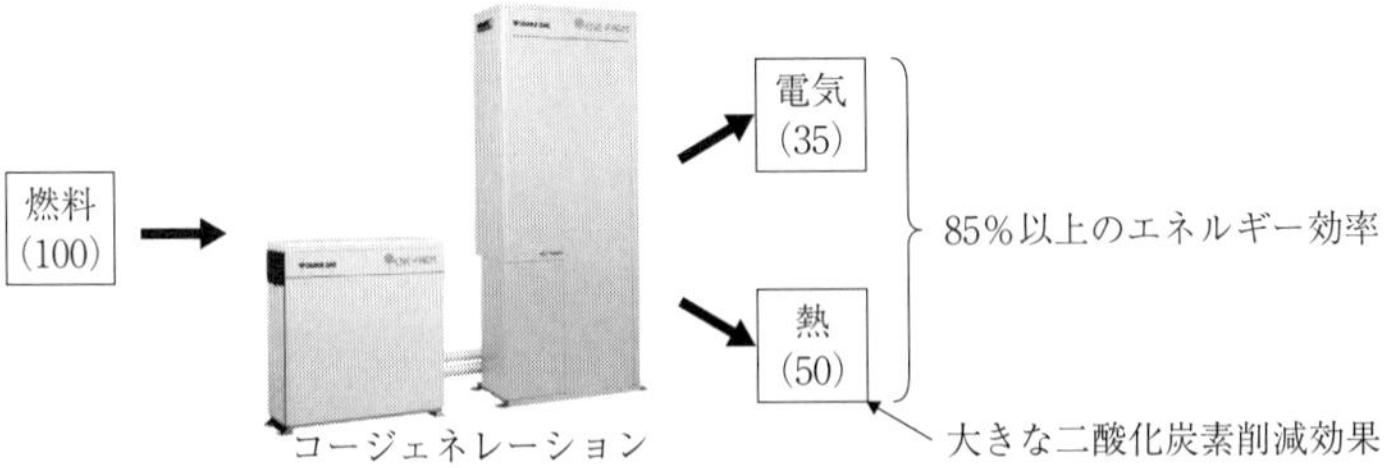

図 20　コージェネレーションシステムにおけるエネルギーフロー

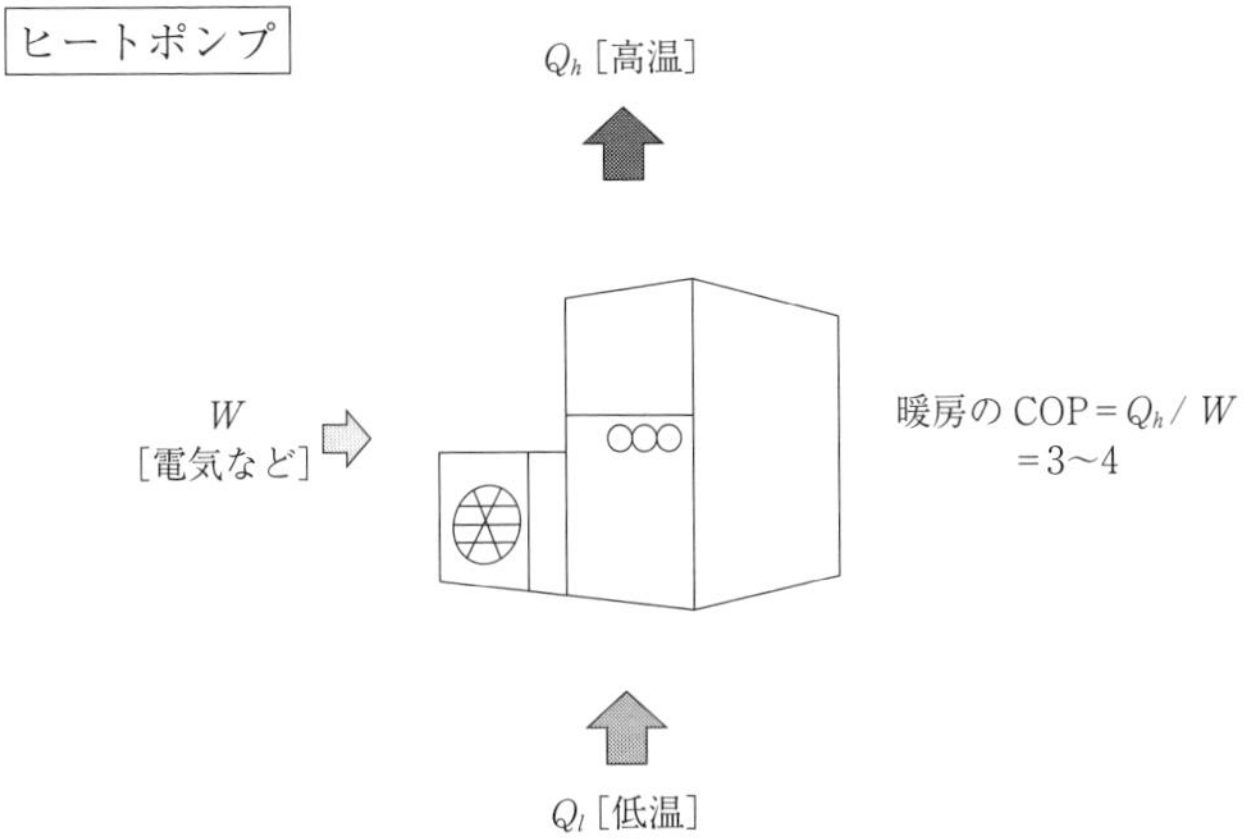

図 21　ヒートポンプにおけるエネルギーフローと COP(成績係数)

の凝縮した液を次に膨張弁を介して圧力を下げ、これを繰り返す構造となる。圧力の違いを利用して低温から吸熱して高温に放熱することができ、冷蔵庫や冷房装置としての機能をもつことができる。この高温の放熱側を利用すると、外気から採熱して暖房や給湯を行うことができる。このヒートポンプは投入した電力の約三〜四倍の熱を移動することができる特徴がある。したがって、発電所の効率を四〇％とした場合、発電所で投入した燃料エネルギーの一・二〜一・六倍の熱エネルギーを得ることができるので、単にボイラーで暖房・給湯を行うよりも省エネルギーとなる。ただし、外気温が低下するほど得られる熱量が減少する特徴がある。そのため、寒冷地での暖房利用が多少難しく、温度の安定した地中から採熱する試みも多い。

このようにコージェネレーションやヒートポンプは熱利用分野で有望な省エネルギー性の高い技術である。このヒートポンプの動力には電気モータやエンジンが用いられ、一方コージェネレーションにはエンジンや燃料電池が用いられている。動力が再生可能エネルギーによる電気やそこから製造された水素であれば、炭酸ガス発生の少ない省エネルギー機器となる。

コージェネレーションが普及しない理由

コージェネレーションは有望な省エネルギー機器であり、これまでさまざまな建物で導入が試みられてきている。特に、ホテルや病院では熱と電気の需要の比率（熱電比という）がコージェネレーションに適しており、古くから導入事例が多数ある。しかし、それらの多くは期待したほどコスト削減効果が発揮されず、運転休止状態となったものが数多くある。これは、実際の運転においては熱と電気の需要が必ずしもマッチしておらず、どちらか一方の需要が他方に比べて多すぎるような時間が多々発生するためである。

しかし、こうした理由以上に普及の妨げとなっている原因は、エネルギー会社の損益関係によるものである。多くのコージェネレーションは都市ガスで運転されるために、ガス会社の利益向上につながる。一方、コージェネレーションがつくりだす電力分だけ消費者は電気を電力会社から購入する必要がなくなるので、電力会社の売り上げが減少することとなる。そこで、コージェネレーションの導入が進むと電力会社は電気料金を下げるようなメニューを用意し、結果としてコージェネレーションを運転するよりも、従来通り電力会社から電気を購入し、暖房や給湯をボイラーでまかなった方が得になるようになってしまうのである。このような理由によって、導入当初は運転されていたものが、しだいに運転休止状態となり、最終的に非常時のバックアップ用電源になってしまったコージェネレーションが数多くある。

分散協調型コージェネレーションネットワーク概念

こうした損益のアンバランスと熱電比のアンバランスを同時に解決するシステムとして、著者らは図22に示すような分散協調型コージェネレーションシステムを提案している。これは熱需要の多い建物に電力会社が中心となってコージェネレーションを設置し、系統電力とネットワーク化するのである。熱需要に合わせた運転を行うのがもっとも総合効率が高く炭酸ガス削減効果が大きくなる。熱需要が多く熱電比の高い建物において熱需要に合わせた運転を行うと、

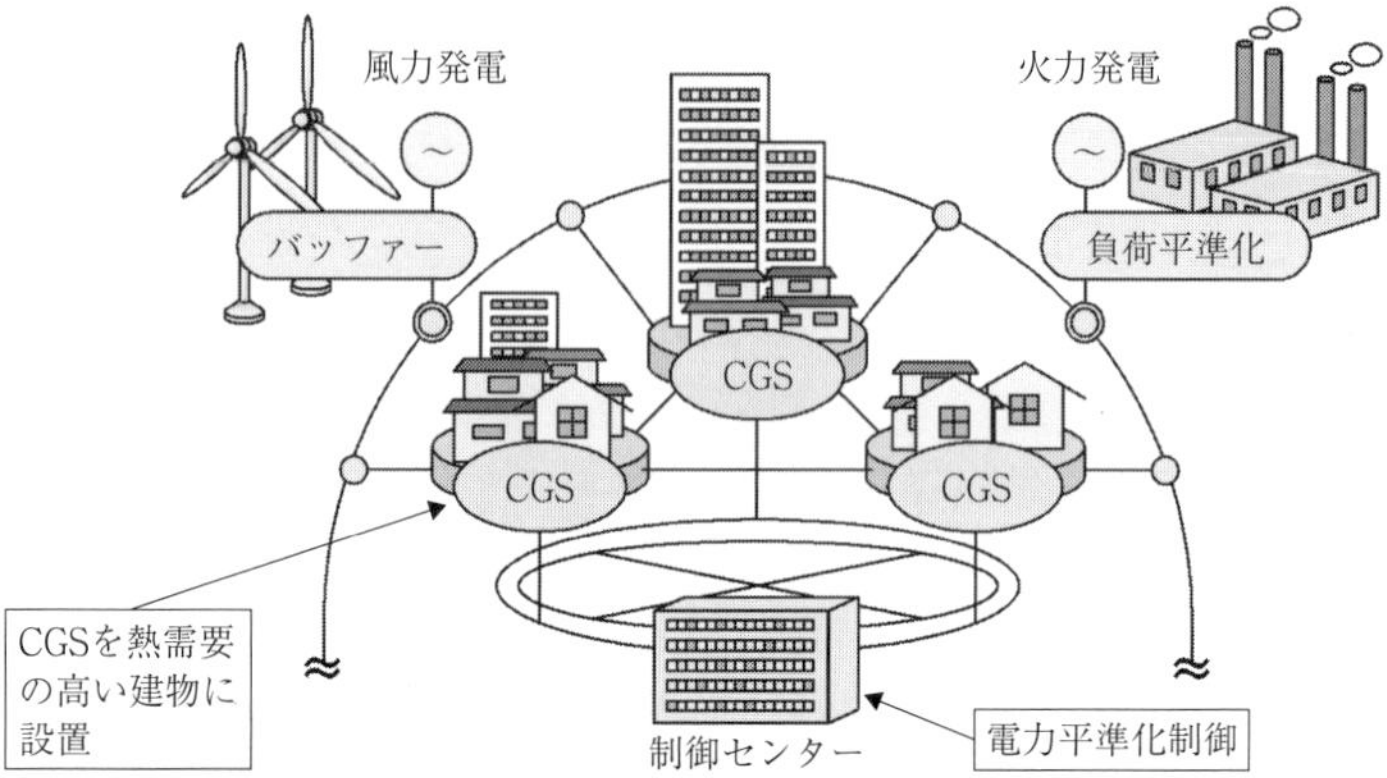

図22　分散協調型コージェネレーションネットワークシステム概念図（近久，2014より）[25]

余剰電力が多く発生することになる。そこで、この余剰電力を電力系統に逆潮流し、ネットワーク内にある建物でこの電力を有効利用するのである。このような仕組みが可能となると、コージェネレーションの能力を最大に発揮することができ、系統内の炭酸ガス削減効果を最大化することができる。ここで、需要家が勝手に逆潮流をすると系統内の電圧変動が大きくなってしまう可能性があるので、本システムではこれをインターネットなどの回線を利用して電力会社が中央制御するなどの仕組みを想定している。これによって、系統電圧も安定化でき、さらに電力会社は事業主体としてコージェネレーションの普及によって利益を上げることができる。一方、ガス会社もコージェネレーション用の燃料を供給できるので、利益をえることができる。しかも、全体の省エネルギー性は格段に向上するので、ユーザーもメリットがでてくる可能性がある。すなわち、三者ともにウィ

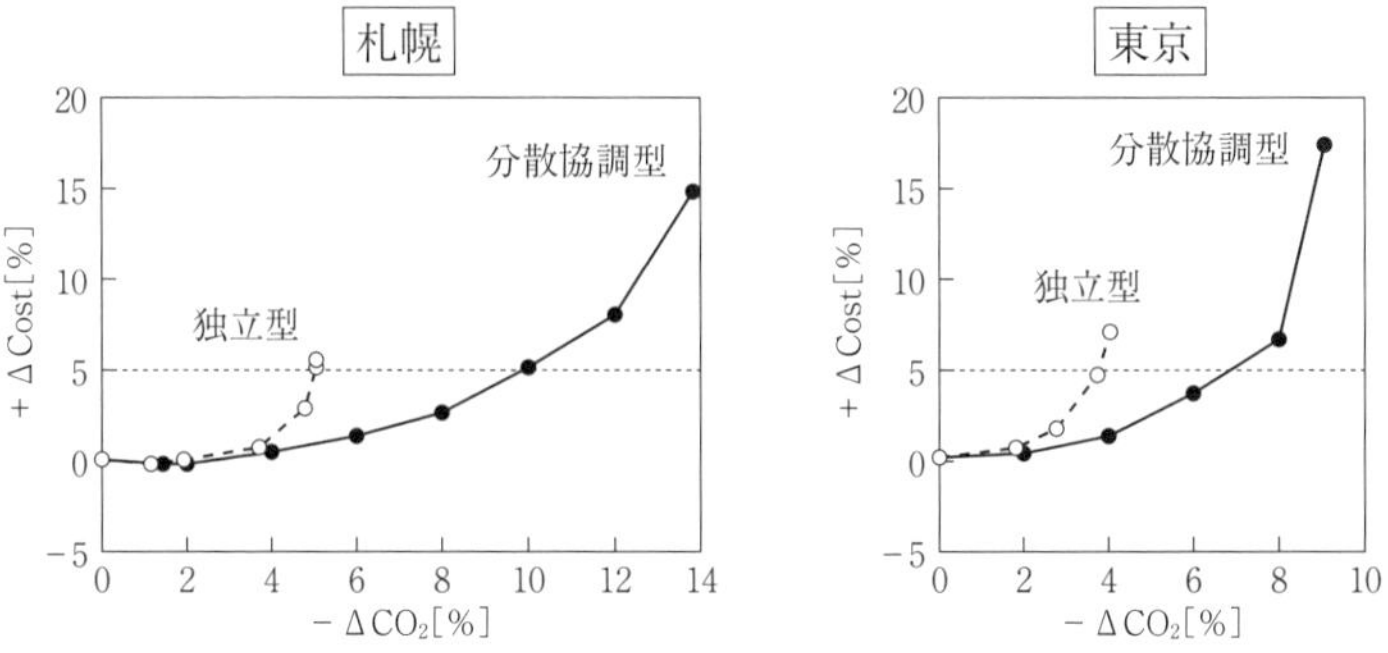

図23　コージェネレーション形態によるコストおよび二酸化炭素削減効果比較（赤澤ほか，2016より）[48]

ン・ウィンの関係となることができる。

電力会社とガス会社、そしてユーザーも利益をえることができるというのは少々解せないかもしれない。しかし、燃料代として海外に流出していたユーザーの代金を省エネルギー分だけ縮小できるので、そのメリットを三者でうまく分配すればよいのである。しかも、こうした新しいエネルギーシステムの導入にともなって雇用も増加するので、社会全体の経済効果も大きいといえる。

図23の左図は一例として、比較的住宅の多い札幌の山鼻地区をモデル対象として、変電所から六本の配電系で電力供給されている建物群にコージェネレーションを導入した際の解析結果を示したものである。[48] 図の縦軸はコージェネレーションを導入する前と比べた年間のコスト変化率であり、横軸は二酸化炭素削減率である。原点はコージェネレーションが導入される以前の状態を表しており、電力会社からの系統電力とボイラーによる給湯・暖房を行っている従来型のケースに相当している。ここで用いたコストは需要家のコストではなく、その対

象領域内にエネルギー供給するための社会コストを意味している。コージェネレーションの導入を増大するにつれて(図23の右側に移動するにつれて)二酸化炭素の削減率は大きくなり、コストもわずかに減少するか、もしくはほとんど変化せずに右側に点が移動していく。さらに導入を進めるとコストが増加し始め、曲線は右上に移動し始める。

図23中、二本の曲線があるが、一方は独立型、他方は分散協調型を示している。独立型とはコージェネレーションを系統とネットワーク化せずに建物単独で運転するシステムを意味しており、現在導入されているコージェネレーションの形態はこのタイプとなる。これに対して、電力系統とネットワーク化し、コージェネレーションによる発電の余剰分を系統に逆潮流できるものが分散協調型である。両者を比較すると、独立型では十分な二酸化炭素削減量を達成する前にコストが大幅に上昇してしまうことがわかる。これに対して分散協調型ではコストの増加を抑えながら、大幅に二酸化炭素を削減できることがわかる。これは住宅のように電力需要に比べて熱需要の大きな建物において、独立型では余剰電力を系統に逆潮流できないために運転を抑制せざるをえないのに対して、分散協調型ではその制限がないために十分に運転をすることができ、排熱をより多く利用できることに加えて、発電した電力もネットワーク内で有効利用できるためである。

以上は熱需要の大きな北海道を対象としたものであるが、図23の右図は同様な建物群構成において東京のエネルギー需要を与えたものである。東京では札幌に比べて分散協調型コージェネレーションによる効果は縮小されるものの、依然として独立型に比べて効果があることが確認される。

さらにこうしたシステムは、自然エネルギーの導入が増加した際の電力変動の緩和技術にもなりうる。自然エネルギーによる発電が不足した場合にはコージェネレーションの運転を増やすように中央コントロールセンターが指令をだし、自然エネルギーによる発電が多い場合にはコージェネレーションの運転を抑制すればよい。さらにヒートポンプが組み合わされている場合には、コージェネレーションからの電力供給が過大な際にその電力を利用してヒートポンプを動かし、電力と熱のバランスを調整することができる。したがって、コージェネレーションを電力会社が制御できるようなシステムでは系統電力の安定にも利用することができ、ガス会社のみならず電力会社にとっても有利なエネルギー技術となる。この点、コージェネレーションはガス会社を有利にする技術と考えている現在の電力会社の意識改革が必要といえる。

図23は分散協調型コージェネレーションによって削減される系統電力の排ガスを全電源平均として与えた結果であるが、これを石油火力発電による電力が削減されるとすると結果は図24のように変化する。原子力や石炭火力は需要が変化しても運転を調整できないので、実際にはコージェネレーションによる需要の変化は石油やガス火力発電が対応することとなる。したがって、コージェネレーションが発電した分だけ石油やガス火力発電を縮小することとなるので、実際はむしろこちらの図に近くなる。北海道の場合ガス火力がなく、石油火力によって電力調整されている。図23の分散協調型の線に相当するものが図24では全電源平均代替の線で示されており、横軸がかなり縮められて表現されている。石油火力は全電源平均電力に比べて発

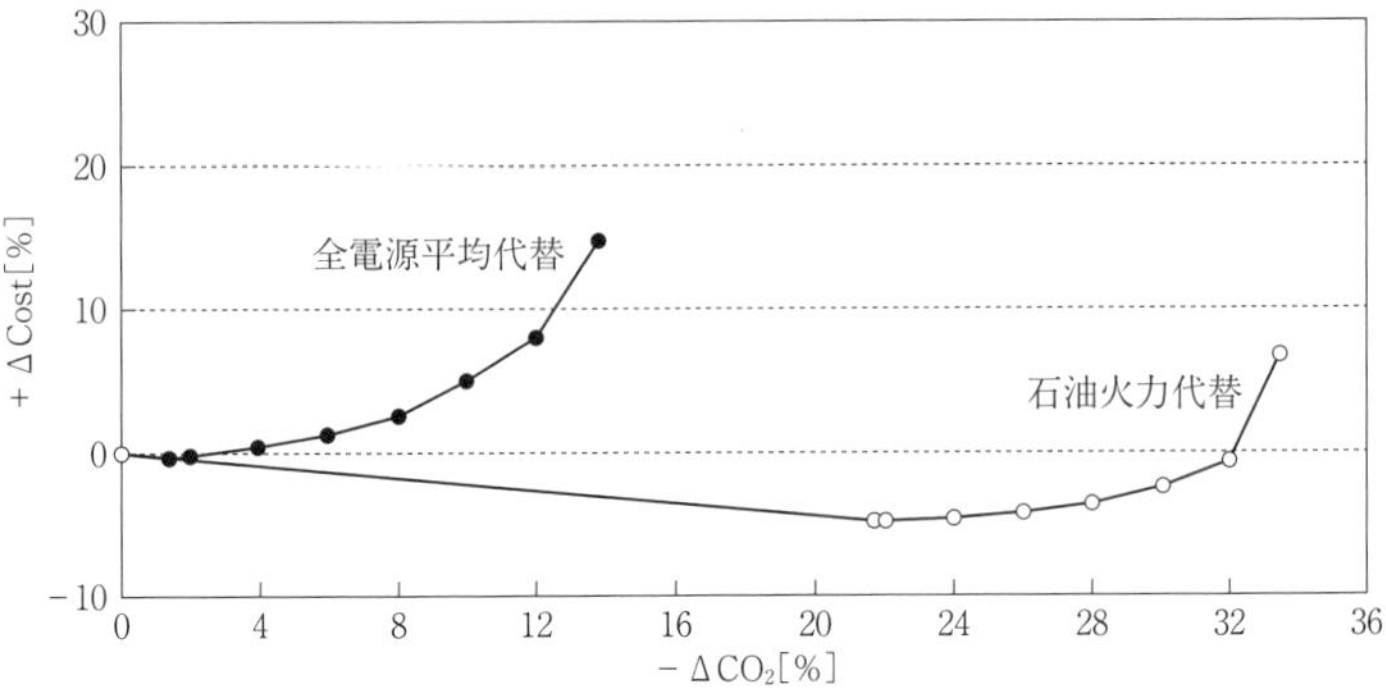

図24　コージェネレーションが代替する発電所電源に対する効果比較
（赤澤ほか、2016論文のFig.9のデータを基に作成）(48)

電単価が高く、さらに二酸化炭素発生率も大きい。したがって、コージェネレーションによって削減される分が石油相当であると考えた場合には、図中の石油火力代替の線まで効果が変化することになる。すなわち、大幅に炭酸ガスが削減され、その効果は最大三〇％を超えるまでになっている。また、同時に社会的なコストも約五％程度削減されることがわかる。この図から分散協調型コージェネレーションの効果が理解いただけたものと思う。

このように、私たちは既に大幅に二酸化炭素を削減できるコージェネレーション技術をもっている。そしてさらに系統とネットワーク化することによってその効果を大きく向上できるのである。それにもかかわらず、一向にこうした技術が普及しないのは、電力会社とガス会社の利益相反を解消するような制度や仕組みが行政的に導入されていないためである。適切な制度の設定によって、こうした技術を普及させることができる余地は大きい。

大型地域熱電併給との比較

ヨーロッパでは大型のコージェネレーションを都心部に設置し、発電を行うとともに排熱を温水パイプラインで建物群に輸送する地域熱電併給システムが古くから普及している。これに対して日本では温水パイプラインの敷設費用が高額となるほか、これまでこうした発電事業が認可されていなかったために、コージェネレーションによる地域熱供給はほとんど普及していない。また、ヨーロッパでは電力会社とガス会社がひとつのエネルギー企業となっている場合が多いのに対して、日本ではそれらが別会社となっており、互いの競争がコージェネレーションの普及を妨げているのも一因である。そのため、札幌の都心部には地域熱供給網が敷設されているが、コージェネレーションは導入されておらず、単にボイラーによる熱供給となっている。

しかし、図22のような分散協調型コージェネレーションシステムを用いるならば、高額の温水パイプラインを敷設しなくても既存の電力線を利用することによって、地域熱電併給と同等の炭酸ガス削減効果がえられることが著者らの解析によってわかっている。特に日本では都市ガスやLPGの供給インフラが整備されているので、分散協調型コージェネレーションに適した下地がある。このシステムにおいて電力会社とガス会社が連携できるならば、ヨーロッパにおける地域熱電併給と同様に大きな炭酸ガス削減効果を上げることができる。また将来、水素が大いに導入されるような時代になると、水素をコージェネレーションの燃料として利用することもできる。

このように有望なさまざまな技術は既に確立されているのである。こうした新しいシステムを普及するには、前述したように電力会社、ガス会社および需要家の三者の協力と便益の適正分配が鍵であり、そのためには行政のリーダーシップがきわめて重要といえる。

第八章　日本のエネルギー政策とエネルギー先進国ドイツ

日本のエネルギー政策の変遷(49)

図25は、第二次世界大戦が終結した一九四五年から第一次エネルギー基本計画が策定された二〇〇三年までにわたる、わが国のエネルギー政策の変遷を示したものである。まず、戦後の一〇年間は石炭と鉄鋼の増産を最優先させた「傾斜生産方式」の時代であり、官民一体で石炭の増産に励んだ。朝鮮戦争が休戦となった一九五三年以降になると、石炭不況が生じ、石炭産業の合理化を進める一方、しだいにエネルギーの軸足を石油に移行させて行った。そして一九六二年には石油が石炭を抜いて、エネルギーの供給主体に移っていった。

ところが、第四次中東戦争を契機に一九七三年に第一次オイルショックが生じ、原油価格が急騰することとなった。その当時、わが国の石油依存度は七割を超えており、国民生活や経済は大きな打撃を受けることとなった。そこで政府は「石油緊急対策要綱」や「石油需給適正化法」を制定し、石油や電力消費の節約運動を展開した。また、国際エネルギー機関(IEA)が経済協力開発機構(OECD)の下部機関として設置され、主要石油消費国の間で前年の平均純輸入量の九〇日分の備蓄義務と消費削減措置を含んだ緊急時石油融通制度を規定した。これを受けてわが国では、一九七五年から備蓄増強を行い、一九八一年度末には石油精製元売会社などによる九〇日分の備蓄目標を達成した。

第一次石油ショックによって石油供給不足の脅威を経験したわが国は、エネルギーの安定的な供給確保を国の将来を左右する最重要課題と位置づけ、所要の施策を行った。具体的には、

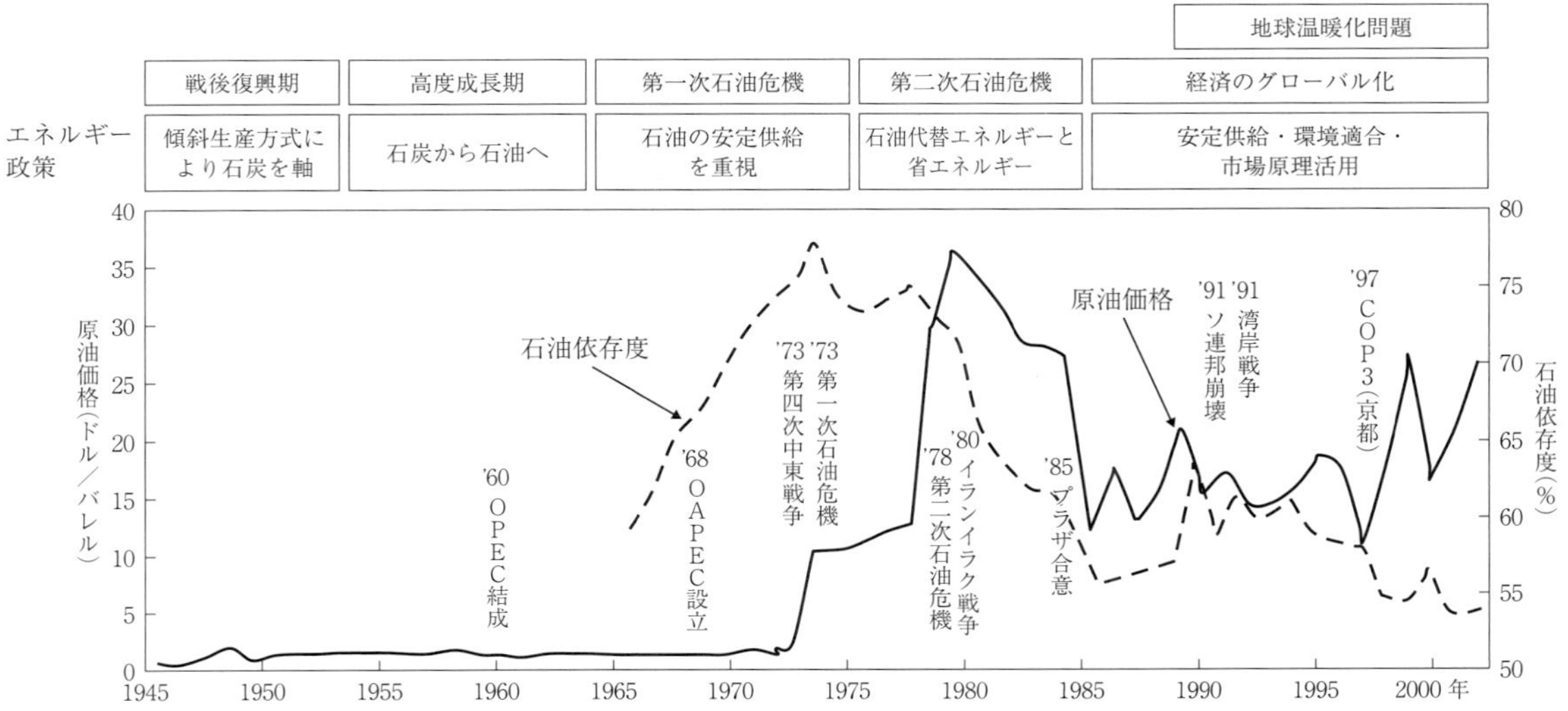

図 25　わが国のエネルギー政策ならびに原油価格の変遷(資源エネルギー庁資料を基に作成)(49)

①石油依存度の低減と非石油エネルギーによるエネルギー源の多様化、②石油の安定供給の確保、③省エネルギーの推進、④新エネルギーの研究開発、の四点を掲げた。そのうち、中長期的課題である新エネルギーの研究開発については、一九七四年に新しいクリーンエネルギーを供給するための技術開発を目指した「サンシャイン計画」が発足した。

一方、増大し続ける電力需要に対応するため、一九七四年に「発電用施設周辺地域整備法」、「電源開発促進税法」、「電源開発促進対策特別会計法」の、いわゆる電源三法を成立させ、電源立地促進対策交付金などを用いて、原子力を含む各種発電所の立地を大きく進展させる仕組みをつくった。

第一次石油ショック以降、エネルギー安定供給の確保への取組を進めていたわが国は、一九七九年のイラン革命にともなって生じた第二次石油ショックを経て、さらにその取り組みを推進していった。一九七八年に「ムーンライト計画」がスタートし、エネルギー転換効率の向上、未利用エネルギーの回収・利用技術の開発などが進められた。また、一九七九年に「エネルギーの使用の合理化に関する法律」(省エネ法)を制定・施行する一方、一九八〇年には「石油代替エネルギーの開発及び導入の促進に関する法律」(代エネ法)が制定された。また、大型の石油代替エネルギー技術開発を総合的に推進するために、同年に独立行政法人新エネルギー・産業技術総合開発機構(NEDO)が設立された。

わが国における省エネルギーと石油代替エネルギー導入の進展がみられるなかで、一九八五年に今度は原油価格の低下という新たな局面が到来した。さらに時を同じくして、ニューヨーク・プラザホテルで行われた先進五か国財務相・中央銀行総裁会議において、当時のドル高是正を目的として、為替市場に協調介入するプラザ合意が行われた。これによって円高・ドル安が急速に進行し、一ドル二三〇円台のレートが一九八七年末には一ドル一二〇円台のレートで取引されるようになった。これによって、輸入原油価格が低下する一方、輸出製品価格が大幅に上昇することとなり、エネルギー供給の「セキュリティとコストの最適バランスの確保」が新しい課題となった。この際、日本経済は一時期円高不況に陥るが、低金利政策などによって投機が加速され、一九八〇年代末に向けてバブル経済が膨張した。

こうしたエネルギー市場の変化の一方で、炭酸ガス濃度の上昇による地球温暖化が問題視されるようになった。一九九二年にブラジルの都市リオ・デ・ジャネイロにおいて「気候変動に関する国際連合枠組条約（ＵＮＦＣＣＣ）」について初めて議論され、それに基づいて一九九四年三月にＵＮＦＣＣＣが発効された。一九九五年からは毎年地球温暖化防止を議論する「気候変動枠組条約締約国会議（ＣＯＰ）」が開催されている。そのなかで、一九九七年に開催された「第三回締約国会議（ＣＯＰ3、京都会議）」において、先進国に拘束力のある削減目標（二〇〇八～二〇一二年の五年間で一九九〇年に比べて日本はマイナス六％、米国はマイナス七％、ＥＵはマイナス八％など）を明確に規定した「京都議定書」が採択された。この議定書には二〇〇七年にオーストラリアが調印・批准したため、先進国で「京都議定書」に批准していないのは米国だけとなった。

「京都議定書」発行後、締約国では炭酸ガス削減の努力が行われる一方、引き続き毎年開催

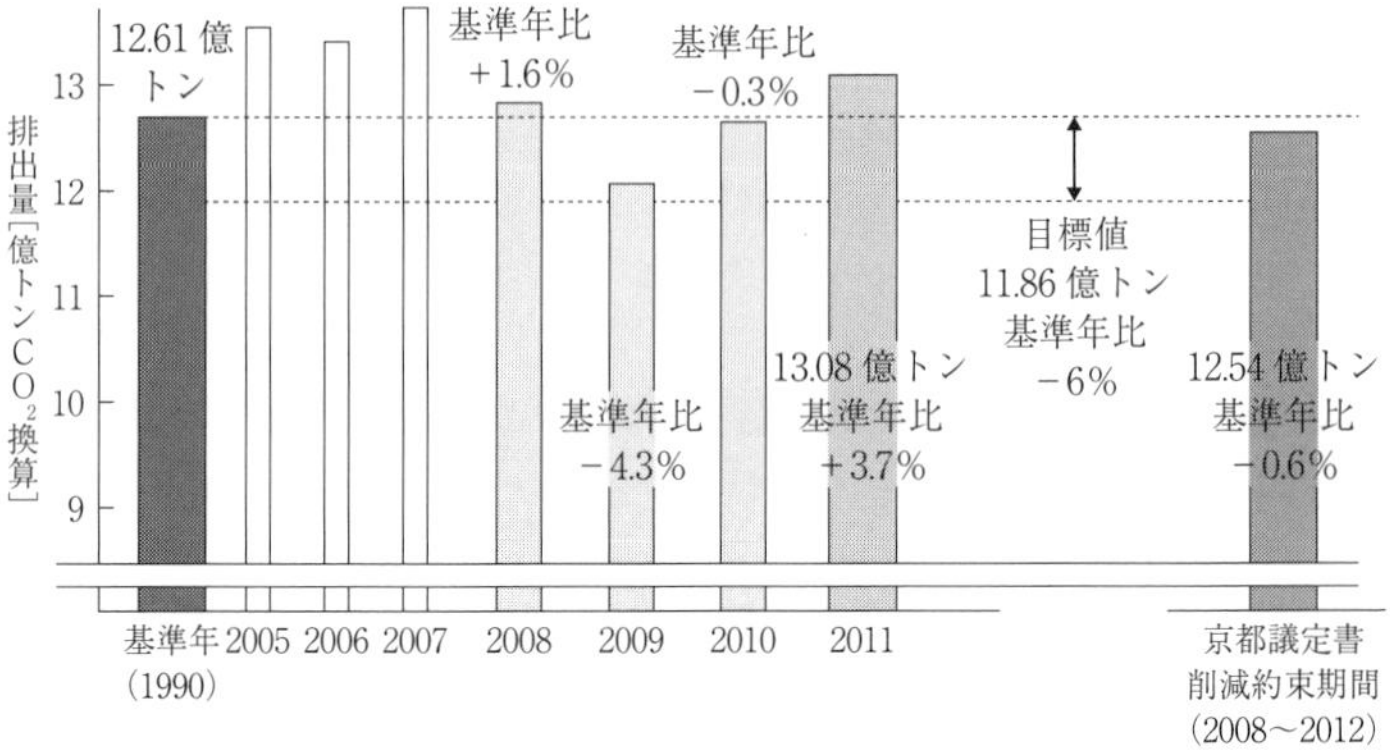

図 26　京都議定書発行後のわが国の炭酸ガス排出量変化(環境省資料を基に作成)[50]

されるCOP会議において、炭酸ガス削減に向けた継続した議論が行われた。しかし、発展途上国と締約国との利害が対立し、世界的な炭酸ガス削減のさらなる枠組の進展はほとんどみられなかった。この間、わが国は「京都議定書」を守るための目標達成計画を立て[50]、炭酸ガス削減の努力を行った。図26はこの間のわが国における炭酸ガスの排出量変化を示したものである。図に示すように、二〇〇九年にはリーマンショックの影響で炭酸ガス排出が減少しているが、経済の回復とともに増加し、目標通りの炭酸ガス削減を達成できないでいた。そうしたなかで、二〇一一年三月一一日に東日本大震災が発生し、原子力発電所がいっせいに停止することとなった。震災の結果、「京都議定書」は放棄され、新たに二〇一五年に長期エネルギー見通しが作成された。それによると、それまで基準年を一九九〇年としていたものを、排出量が最大となった二〇一三年に変更し、それに対して二〇三〇年に二一・九％減の炭酸ガス削減を行うことを目標に設定し直した。これはこれまでと同様な努力の積み上げで達成できる見込み数値を二〇一三年比で表現したものであって、決して革新的なエネルギー政策を行うというものにはなっていない。

こうしたなかで、二〇一五年一二月一二日にオバマ前米国大統領らによる努力の結果、フランス・パリで開催された「気候変動枠組条約第二一回締約国会議（ＣＯＰ21）」において、気候変動に関する二〇二〇年以降の新たな国際枠組である「パリ協定」が採択された。パリ協定には、世界共通の長期目標として気温上昇二℃以内の設定や、すべての国による削減目標の五年ごとの提出・更新、各国の適応計画プロセスと行動の実施、ならびに先進国が引き続き資金を提供することが合意された。これに加えて途上国も自主的に資金を提供すること、共通かつ柔軟な方法で各国の実施状況を報告しレビューを受けることなど、世界が一体となって炭酸ガス排出量の削減に取り組んでいく合意がなされた。このころ、世界的な合意には至らないだろうと考えて比較的消極的な対応姿勢であった日本は、準備不足のためにパリ協定に参加することができず、一年遅れで協定に慌てて参加することとなった。こうして、世界総排出量の五五％以上の排出量を占める五五か国以上の締約国がこの協定を締結し、協定が発効することとなった。ところが、二〇一七年に誕生したトランプ米国大統領は自国の経済発展を第一とすることを掲げ、パリ協定から離脱することを二〇一七年六月一日に表明した。パリ協定によってようやく世界が協力して地球温暖化防止の努力を始めようとしていた直後に、超大国がこの流れに背を向けることとなり、自国のエゴを優先する雰囲気がにわかに高まってしまった。私たちは

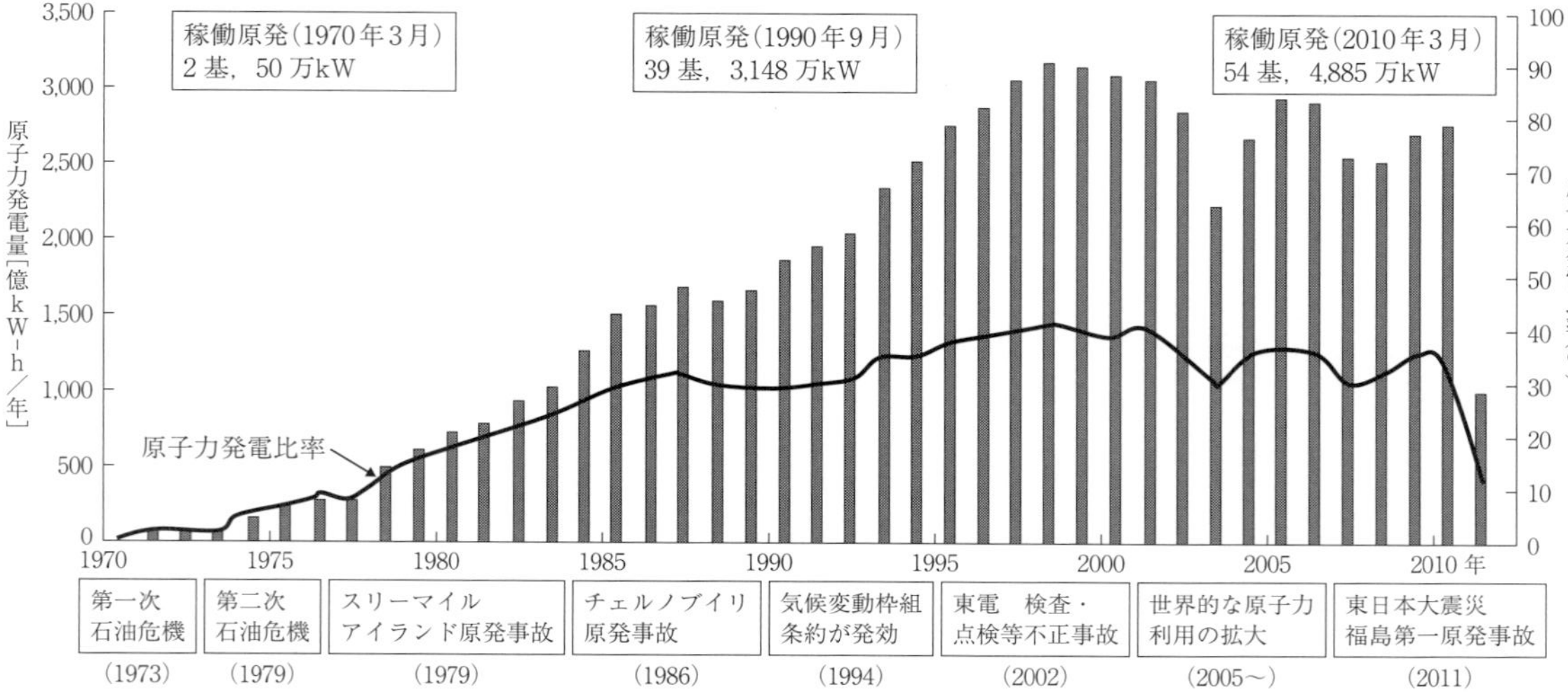

図27　わが国の原子力発電量の変化(資源エネルギー庁資料を基に作成)(51)

今、まさに今後の世界のエネルギー動向が見通せない状況のなかにいる。

わが国では一九七〇年代からの原油価格の変動と資源の減少に加えて、一九九〇年代から始まった地球温暖化問題により、原子力発電政策が大いに進んだ。原子力発電は炭酸ガス排出がないことに加えて燃料の海外依存度を大幅に低減でき、クリーンなわが国の純国産エネルギーと位置づけられるようになったのである。そこで一九七〇年代から原子力発電の増設に政策の舵が切られるようになり、図27に示されるように相当数の原子力発電所が建設され、一九九八年に発電量のピークをむかえた。その後、事故や不祥事、あるいは小さな地震被害などのさまざまな要因が重なって原子力発電比率は三五％前後を往き来していたものの、二〇〇五年ころから「原子力ルネサンス」と称して世界的な原子力利用の拡大機運が高まった。こうしたなかで、二〇一一年三月一一日に東日本大震災が発生し、福島第一原子力発電所にある一〜三号機が、炉心溶融の大事故を起こしたのである。それ以降、原子力発電の再稼働には高いハードルが課せられるようになり、現在に至っている。こうした背景に基づいて、政府は二〇一五年に二〇三〇年時点の日本の望ましい電源構成として長期エネルギー需給見通しを決定し[52]、このエネルギー需給見通しを三年ごとに見直すこととした。

長期エネルギー需給見通し

二〇一四年のエネルギー基本計画に関する閣議決定を受けて、政府は二〇一五年に長期エネルギー需給見通しを策定した[52]。これはエネルギー基本計画においてこれまで基本視点にすえてきた3E+Sを維持しながら、将来の需給見通しと政策の基本的な方向性を示そうとするものである。ここで3E+Sとは、安全性(Safety)を前提としたうえで、エネルギーの安定供給(Energy security)を第一とし、経済効率性の向上(Economic efficiency)と環境への適合(Environment)をはかることを意味している。この安全性に関する部分については、「原子力については、世界最高水準の規制基準に加え、自主的安全性の向上、安全性確保に必要な技術・人材の維持・発展を図る。[52]」と記述しているのみであって、基本的に原子力をこれまでとほとんど同様に位置づけている。一方、経済効率性に関して、「産業競争力を確保し、日本経済を本格的な成長軌道に乗せていくことが重要であり、経済成長を支えるエネルギー需給構造を構築する必要がある。…(中略)… 以上を踏まえ、電力コストを現状よりも引き下げることを目指す。[52]」としている。そして、環境適合に関して、「我が国も先進国の一員として、野心的な目標を示し、国際的な地球温暖化対策をリードしていくことが求められている。以上を踏まえ、欧米に遜色ない温室効果ガス削減目標を掲げ世界をリードすることに資する長期エネルギー需給見通しを示すことを目指す。[52]」としている。そして提案するエネルギー構成によって、東日本大震災後に大きく低下したわが国のエネルギー自給率を二四・三%程度に改善できるほか、エネルギー起源の炭酸ガス排出量を、二〇一三年度総排出量比二一・九%減にすると算定している。

さて、これら一つひとつを見た場合、非常に結構なことと多くの人が思うだろう。しかし、このような話は福島の原子力発電所事故以前とほとんど変わっていない。原子力発電に関して

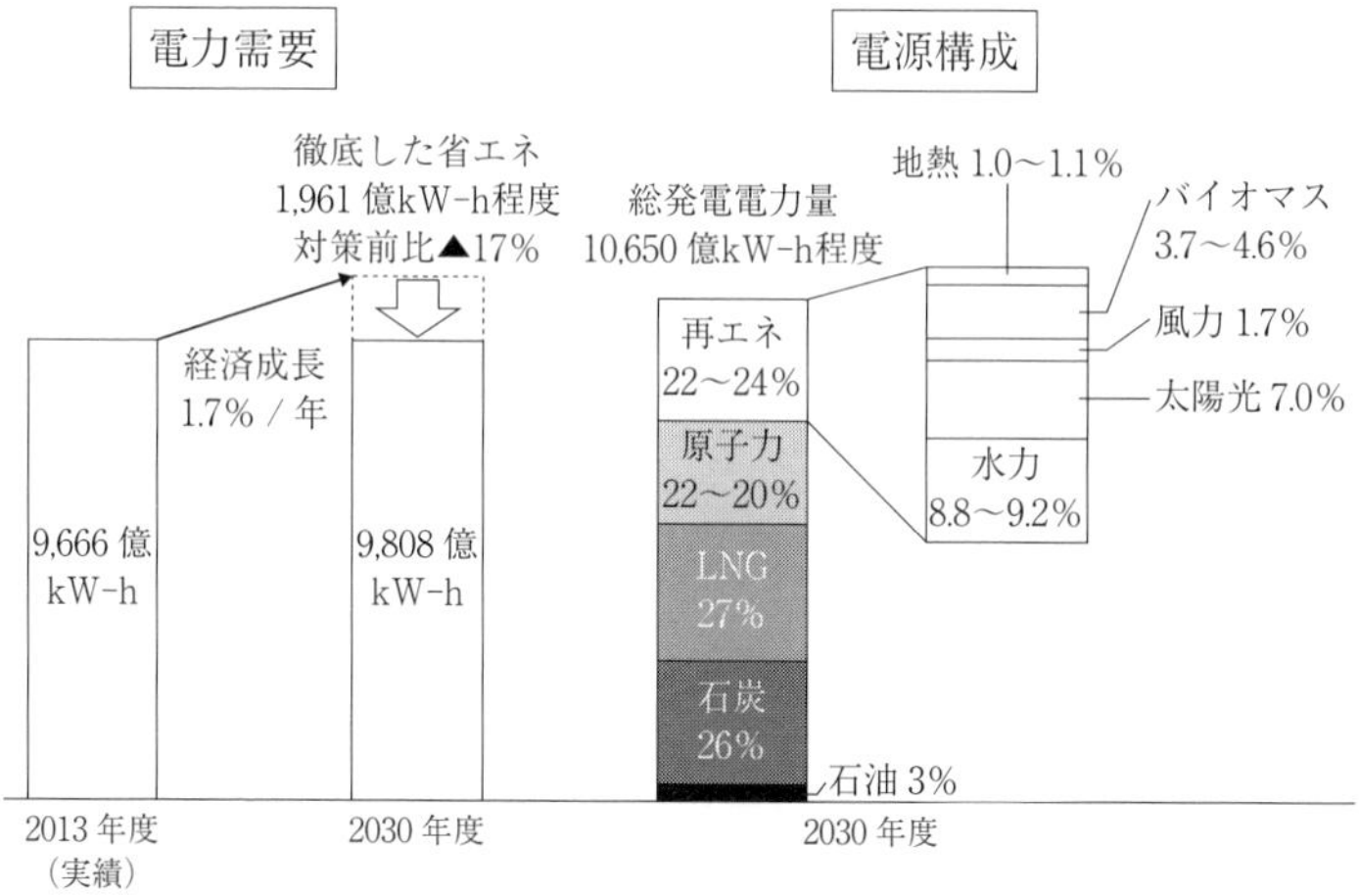

図28　長期エネルギー見通しにおけるわが国の電源構成目標
（経済産業省資料を基に作成）(52)

「世界最高水準の規制基準」という部分が入ったのみである。その結果、図28に示されるように徹底した省エネルギーを行う一方、再生可能エネルギー比率を二二〜二四%程度に高めるとしたものの、原子力発電を二二〜二〇%程度維持すると設定されている。確かにこれまでと同様な発想に基づいた3E＋Sでは、これが限界だろうと評価することはできる。しかし、原子力発電を二二〜二〇%程度維持するということは、大震災の前年(二〇一〇年)の原子力発電の比率が二九%であったことを考えると、わずかの比率低減になっているにすぎない。さらに、耐用年数を過ぎた原発を廃炉にすることを勘案すると、かなりの原発を新設することがその背後に想定されていることになる。

以上より明らかなことは、エネルギー政

策は震災前後で基本的に変わっておらず、原発に対してより厳しい安全管理をするとした概念的な文言が加えられたにすぎないといえる。ここで重要なことは経済効率性に関する考え方であり、電力コストを現状よりも引き下げることが経済発展につながるという部分である。経団連も一貫して同様な考え方をベースとして、電力価格低減のための要望をし続けている。しかし、第三章・四章で論じたように、従来型の価格低減競争はそろそろ限界にきている。むしろ再生可能エネルギーインフラの拡大をベースとして、これまで海外に流出していたエネルギー資金を国内循環に向けるような発想の転換が求められているのではないだろうか。こうした考え方を受容できるか否かによって、3E＋Sを同様に重視しても対応法がまったく異なったものになるのである。

なお、一九九六年一二月の松下政経塾における藤沢裕美のレポートが、エネルギー政策を総合的に審議する「総合エネルギー調査会」の問題点に関して興味深い指摘をしている[53]。そこでは以下のように記述されている。

「この「総合エネルギー調査会」は通産大臣の諮問機関であり、ここで日本の「長期エネルギー需給見通し」を作成し、それに基づくエネルギー政策の基本方針を打ち出している。そして、「総合エネルギー調査会」において審議されたことは、会長から通産大臣への答申として報告され、それがほぼそのまま総合エネルギー政策推進閣僚会議で承認され、日本政府のエネルギー政策として決定されている。

このようなエネルギー政策決定プロセスは、諸外国のそれと比べると、以下の点において大変異質である。

まず第一に、エネルギー政策と言う国家的重要政策が、審議会で調査審議され、国会の審議を経ることなく決定されていることである。

国民を代表する国会の審議を経ることとは、諸外国の政策決定プロセスにおいては、なくてはならない重要なポイントである。…(中略)…

第二には消費者団体や環境団体など、エネルギー政策に利害関係のない市民グループの見解が、政策決定プロセス全般において全く反映されていないことである。

エネルギー政策をとりまとめている「総合エネルギー調査会」のメンバーは、後に詳しく述べるようにエネルギー業界と経済界、元通産官僚によって占められている。」（一　エネルギー政策の構造）

「このようにして決定されるエネルギー政策は、「経済成長のためのエネルギー安定供給」に第一の優先順位を置いている。」（二　日本のエネルギー政策の変遷）

以上が藤沢の指摘の一部であるが、長期エネルギー需給見通しが一貫して従来型の経済効率性を重視していることをみると、まさに的を射ているといえる。

電力・ガスの自由化と発送電分離計画

日本のエネルギー政策のなかで発送電分離と電力・ガス事業の自由化は今後のエネルギー業界に非常に大きな影響を及ぼす。これらはこれまで比較的競争原理が導入されていなかった電力とガス事業に競争原理を導入し、エネルギー価格の低減につなげようという考えによるものである。発送電分離は電力会社の発電部門と送電部門を別会社にしようというものであるが、ここでは需要家に近い配電部門の自由化とガスの自由化について説明することにしよう。

配電部門の自由化は小売りの自由化とも呼ばれており、二〇一六年四月以降、全面的に自由化された。[54] 小売りの自由化は二〇〇〇年三月に「特別高圧」区分の大規模工場やオフィスビルから始まり、新規参入の電力会社を含めて自由に電力の購入先を選べるようになった。これによって、これまでほぼ独占状態であった大手電力会社に競争原理が導入されることとなった。二〇〇四年以降になると対象が「高圧」区分の中小規模の工場やビルへと徐々に拡大された。そして二〇一六年から「低圧」区分の家庭や商店まで対象が拡大され、全面自由化となったのである。

こうした政策はエネルギー価格を低減することに対しては有効であるが、炭酸ガス削減や再生可能エネルギーの導入促進に対してはむしろ逆効果である側面を有している。すなわち、需要家は基本的にエネルギー価格と付随したサービスのみで購入先を選ぶので、環境にやさしい再生可能エネルギーは概して割高となり、選択されないことになってしまう。現在は太陽や風力から発電された電力に対して、一定価格で大手電力会社が買い取らなければならない制度(FIT)があるため、まだ何とか導入が維持されている。しかし、当然ながらこれは大手電力会社にとって負担となるし、FIT買取価格がしだいに縮小されており、再生可能エネルギー設備導入のインセンティブがしだいに縮小している。こうしたなかで、電力会社が系統の電力変動影響を理由に再生可能エネルギーの接続制限を打ちだしてくるのは、当然の結果といえる。

このように考えると、政府のエネルギー政策は何ともちぐはぐといわざるをえない。エネルギー価格の低減と、パリ協定順守のための温室効果ガス低減、ならびに原子力発電重大事故防止のいずれを優先しようとしているのかきわめて曖昧である。直言するならば、経済界からの圧力によってエネルギー価格の低減とエネルギー供給の確保を最優先させ、温暖化ガスの低減と安全性の確保には及び腰であり、曖昧に体裁を整えているにすぎないと感ぜられる。電力の小売りを全面自由化することによって、温室効果ガス削減と自由競争を両立させるためには、炭素税などを導入し、炭酸ガス排出の少ないエネルギーが相対的に割安になるようにしなければならないが、こうした考えはまったくない。

電力の自由化と同様に、ガス市場の自由化も始まっている。ガス事業のなかで大都市のガス供給は大手数社によって地域独占されてきた。そこで、一九九五年に大規模工場などの大口契約を対象として、ガス事業者の新規参入を認めるようになった。二〇二二年からは電力の自由化と同様に、現在大手三社が独占しているガスの導管部門の別会社化も進められる予定となっている。電力会社の多くはガス火力発電のために海外から多量の天然ガスを輸入しており、ガス供給事業を開始する潜在力がある。これは電力会社とガス会社が電力とガスの顧客を奪い合う構造を促進するものであり、価格低減の推進力にはなるものの、大きなマイナス面も懸念される。

第一に、前述したように炭素税の導入を組み合わせないままに自由競争原理を導入したのでは、温室効果ガス削減はむしろ後退することが懸念される。第二に、エネルギーインフラはきわめて大きな設備であり、これを健全に保全していくことは大変な作業である。目先の競争のためにこうした経費投入が疎かになり、エネルギーインフラが老朽化・脆弱化することが懸念される。第三に、エネルギー供給の安定化が脆弱となることである。セキュリティには短期的な供給安定と長期的なエネルギー確保の二面があるが、両方ともに脆弱になる。短期的な供給不全とは需要と供給のアンバランスのことであり、これに対してだれが対応するかが不明である。長期的なエネルギー安定供給についても、責任事業体が決められていない。さらに、再生可能エネルギーを大量導入しようとした場合、バックアップ電力の確保が重要となるが、この点もほとんど曖昧なままである。

以上、日本のエネルギー政策を総括すると、3E+S、すなわち安全性(Safety)、エネルギーの安定供給(Energy security)、経済効率性の向上(Economic efficiency)、環境への適合(Environment)を変わらずに重視しているが、なかでもエネルギー価格の低減を最重視し続けているといえる。このために、原子力発電依存体質から抜けだすことができず、さらに偏った自由競争原理の導入によって、小さな単位のコスト最適化が進行し、大局的な視点からすると歪んだエネルギーインフラが将来形成されてしまうものと懸念される。ここから抜けだすには、これまで何度も述べているように現在の経済に対する考えを改め、個別の価格が高くてもお金が国内で循環し、国民が豊かになるような思想の転換が必要である。持続可能なエネルギー社会の構築のために、政権にはぜひ大ナタを振るってもらいたいものである。

ドイツの原子力発電政策と再生可能エネルギー

ドイツは世界でもっとも先駆的なエネルギー政策を行っている国のひとつである。ドイツでは一九六二年に最初の原子力発電所が完成されて以来、建設を中断したものも含めてこれまでに四〇基の原子炉が建設された[55]。さらに、一九六〇年代のドイツ経済は急成長をとげており、当初原子力発電は大いに歓迎された。しかし、一九七〇年代に生じたオイルショックはこれに拍車をかけた。しかし、放射能に対する知識が広まってくると、しだいに原子力発電に反対する動きがでてきた。最初は誤解ではあるものの、発電所の冷却塔から排出する水蒸気が、近くで生産されるワインの質に悪影響を及ぼすという懸念から反対運動が始まった。それに事故による放射能漏れに対する危機意識が加わり、反原発運動はしだいに勢いを増していった。一九七九年三月二八日に起こった米国スリーマイル島の原子力発電所事故はこうした運動をさらに加速し、想定可能な最大規模の事故の阻止へと活動が広がっていった。反対運動は一九八六年四月二六日の旧ソ連チェルノブイリ原子力発電所事故後いっそう激しさを増し、一〇万人以上が参加するデモへと発展していった。こうした活動のなかで一九七〇年代に緑の党が生まれ、一九八三年からは連邦議会に議員を送りだして、反原発活動の大きな力になっている。

このように原子力発電の是非に関して国民的な議論が長くなされてきた結果、二〇〇〇年に社会民主党のシュレーダー政権が原子力発電を二〇二〇年ころまでに全廃することを決定した。二〇〇五年に発足したキリスト教民主同盟による第一次メルケル政権も社会民主党との連立を組み、この原子力廃止政策を継承した。しかし、二〇〇九年に社会民主党との大連立を解消して成立した第二次メルケル政権は、世界的な「原子力ルネサンス」の流れに乗って原発推進に転じた。そして、原子力発電所の稼働年数を延長し、二〇四〇年まで原発を稼働できるようにした。しかし、そのすぐ後の二〇一一年三月一一日に福島第一原子力発電所の事故が起こった。これを機に、メルケル首相は再度原子力発電の全廃方針を決定し、二〇二二年までにドイツ国内にあるすべての原子力発電を廃止することとした。

その際の議会投票結果は、八五％が二〇二二年までの原子力発電廃止を支持し、一〇〇％が稼働期間延長禁止に賛成している。それから八年が経過したが、今なお国民の大多数がこのエネルギー計画を支持している。

ドイツでは二〇三〇年までの温室効果ガス削減量を五五％以上とし、二〇五〇年までにその比率を九五％以上にするという目標を掲げている。この場合、全エネルギーのなかで占める再生可能エネルギーの割合を二〇三〇年までに三〇％、二〇五〇年までに六〇％にし、電力部門ではその比率を二〇三〇年で五〇％以上、二〇五〇年には八〇％以上にするという内容となっている。同時に、省エネルギーを進め、現在よりも全体的な一次エネルギー消費を五〇％削減するとしている。わが国と比べて、信じ難いほどの高い目標であり、じつに野心的といえる。これだけのことをするには相当のコストがかかると思うが、温室効果ガス増加による影響対策費と比較して、こちらの方が割安と試算している。

このための具体的な政策を例示すると、まず省エネルギー対策においてわが国よりもかなり高度な基準が導入されている。たとえば、建物の断熱基準をみると、日本の寒冷地基準よりもはるかに高い断熱性が求められており、建物の改修や新築時にこの基準を満たさなければならない。わが国に比べて石づくりの古い家が多くあり、改修が大変であるにもかかわらず、このような断熱基準を適用する点でも見習うべき点は多い。

一方、再生可能エネルギーは従来型の発電技術に比べて割高であり、その導入を進めるためにＦＩＴ制度(Feed-in Tariff 固定価格買取制度。一定期間、比較的高い価格で電力を買い取る制度)によって優遇してきた。その結果、目覚ましく再生可能エネルギーの導入が進んだ。そして、導入量の増大にともなって設備単価が低下し、今やわずかの優遇政策で再生可能エネルギーが十分に競争力をもつ状態にまでなった。ただし、ＦＩＴ価格が高いと、再生可能エネルギー発電事業者は全量を系統に高値で売電した後に自身の必要量を安く系統から電力を買うようなことが生じてしまうので、ＦＩＰ(Feed-in Premium 再生可能エネルギーの支援をする政策のひとつ)なる制度を導入し、まず自身で電力消費した後に余剰分を系統に売電するように誘導している。

太陽電池の大量導入初期には安い中国製の太陽電池が大幅に増加し、ドイツ国民から国富の流出に対する非難の声が上がった。そこで、政府はこれを防ぐためにダンピング税なるものを導入し、中国製の太陽電池パネルが不当に安い価格で流入するのを抑制した。その結果、ドイツ製の太陽電池が増え、新たな雇用の創出に大いにつながった。ただしこの点については、現在ではやはり安い中国製の太陽電池が大量に導入されているという話である。

一方、風力発電は低周波騒音による健康影響の懸念がときどき指摘されるが、ドイツでは近隣住民が風力発電の出資者となり、むしろ積極的に導入に協力している。また、実際に健康被害につながっているという話も聞かない。騒音に対する住民の苦情はほとんどなく、近隣住民が出資者となった場合には、むしろ風車の音は金を生みだしている心地よい音に聞こえるようである。この点も、健康と心理の関係を考えるうえで参考になる。

以上、ドイツでは再生可能エネルギーの拡大に向けてさまざまな仕組みを導入しており、わが国よりもはるかに積極的で、かつ先行しているといえる。

ドイツにおける発電単価の変遷

ドイツが原子力発電を廃棄する理由は安全性ばかりによるものではない。図29に示すように、彼らの試算では原子力や石炭火力発電は風力や太陽光発電と比べて既に割高であると試算している。図において建設中の英国ヒンクリー・ポイントC原子力発電所の推定発電単価はおおよそ一一ct（ユーロセント）/kW-hとなっており、日本円に直すと一四円/kW-hとなる。先の図18で紹介した日本の九円/kW-h程度に比べて結構割高となっているが、格段に高く見積もられているわけではない。それにもかかわらず再生可能エネルギーの方が割安となっているのは、風力や太陽電池のコストがかなり安くなっていることによる。風力の発電単価が、日本の一四円/kW-hに対して一〇円/kW-h、太陽電池が日本の三六円/kW-hに比べて一一円/kW-hと格段に安いのだ。

図30は、ドイツにおける太陽電池のコスト変化を示すものである。[41] 二〇〇六年には五〇〇〇

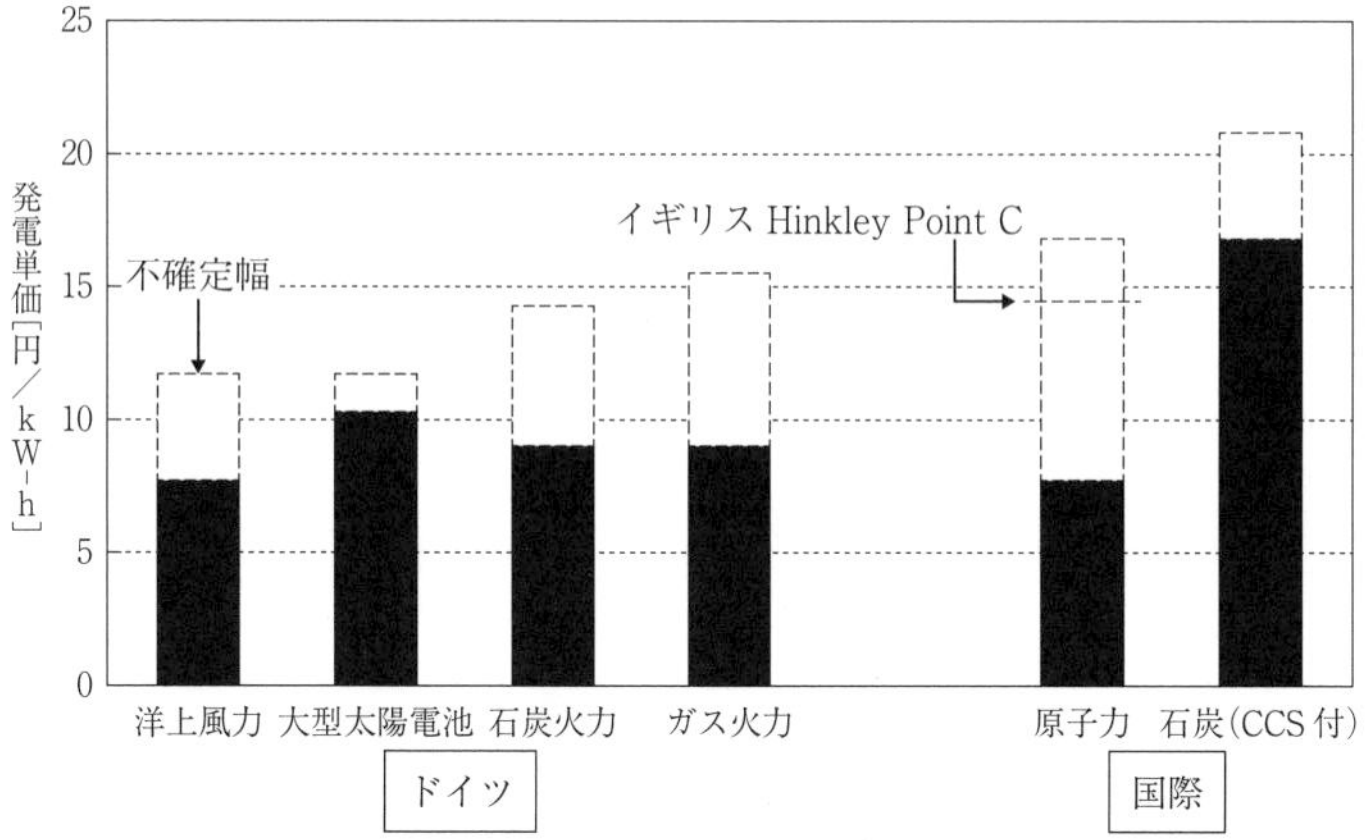

図 29　ドイツにおける発電単価比較(文献(41)の p.12 を基に作成)(41)

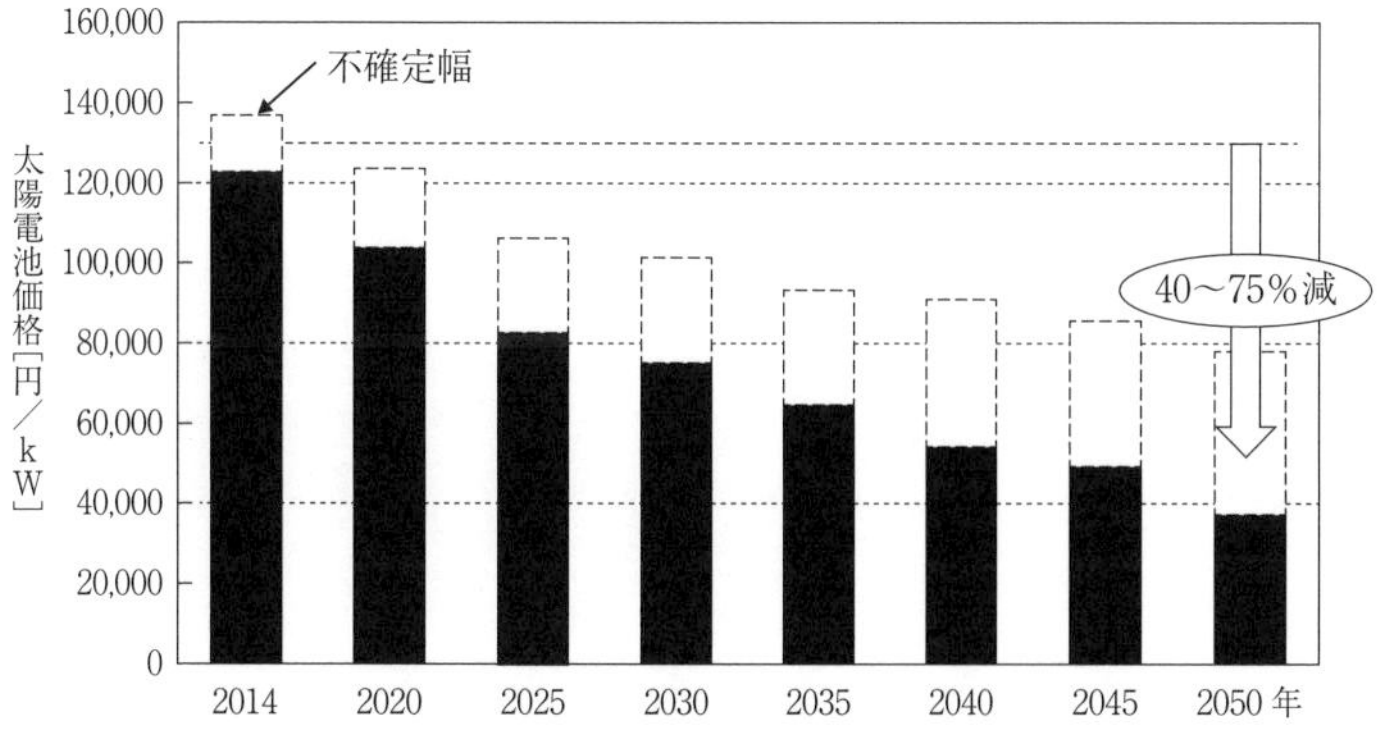

図 30　ドイツにおける太陽電池価格変化予想(文献(41)の p.11 を基に作成)(41)

€（ユーロ）／kW（六五万円／kW、設備費であるので前記発電単価と異なる）くらいしていたものが、二〇一四年には一〇〇〇€／kW（一三万円／kW）まで急激に価格低下している。さらに二〇五〇年までに三〇〇€／kW（四万円／kW）程度まで低下させることを考えている。これに対して日本における現在の価格は二三〇〇€／kW（三〇万円／kW）程度であり、ドイツに比べて二～三倍くらい高いことになる。ドイツにおいてこのように再生可能エネルギーの価格が低下したのは、FITによって風力や太陽電池の導入が進み、それにともなって大量生産と技術革新による低価格化が格段に進行したことによるものである。

このように政府がしっかりとした政策を行えば、比較的短期間で再生可能エネルギーが原子力や石炭火力と競争できるまでになることを実証してくれている。この間、確かに電力価格が上昇し、国民の負担は大きくなった。図31は一般家庭の電力単価の変化を示したものである。二〇〇七年から二〇一四年まで連続して単価が上昇している。なかでも再生可能エネルギー促進料（EEG surcharge）の負担が際立って増加しており、それが単価を押し上げる要因となっている。そして二〇一四年における単価は二九ct／kW-h（三八円／kW-h）にまでなっている。日本の単価がおおよそ二五円／kW-hであることと比べて、ドイツ国民は格段に高い電気料金を受け入れていることになる。しかも、こうした政策に対する大きな反対運動も生じていない。その結果、前述したように再生可能エネルギーの価格が低下し、二〇一五年の電力単価はピークを脱してわずかに減少し始めている。

風力や太陽は変動の大きなエネルギーであり、発電量が大きな日には需要を上回ることがあ

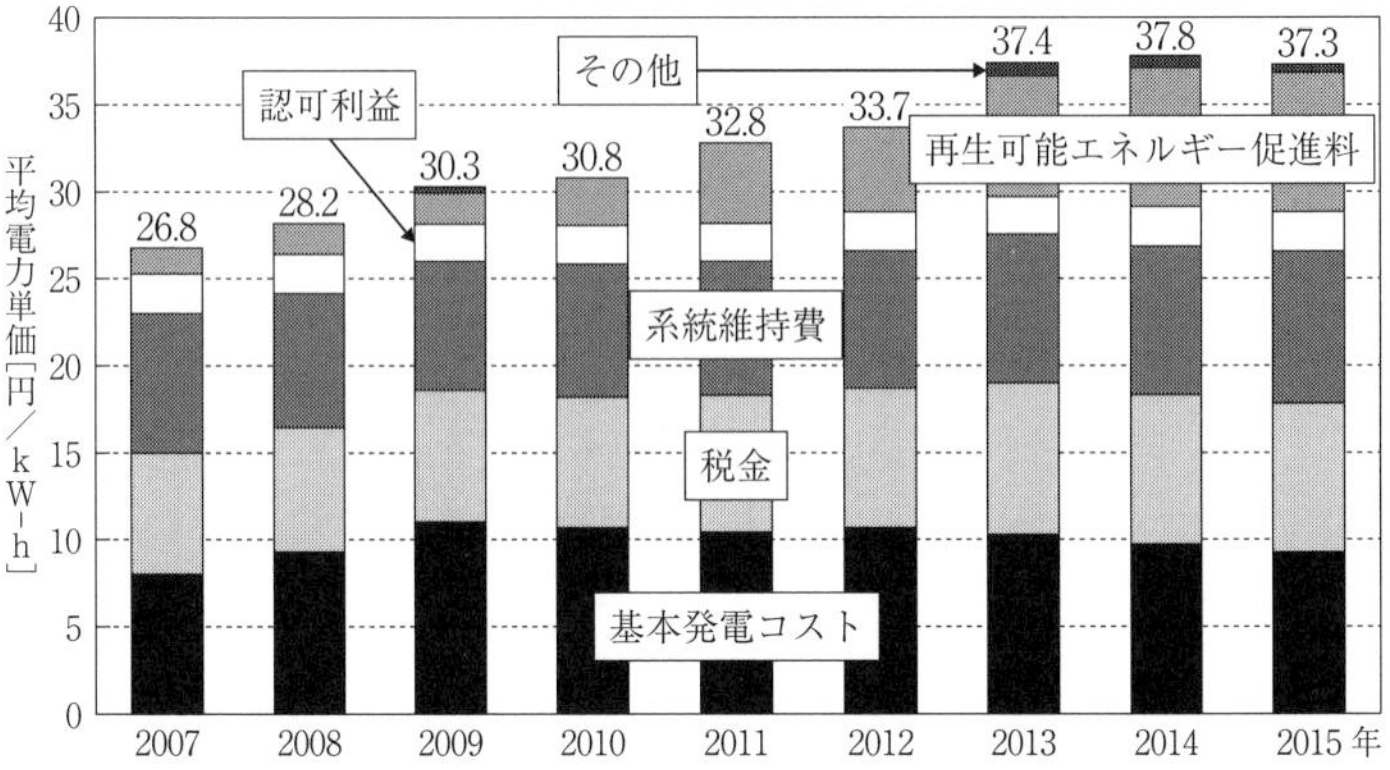

図 31　ドイツにおける 3 人家庭の平均電力価格(文献(41)の p.8 を基に作成)[(41)]

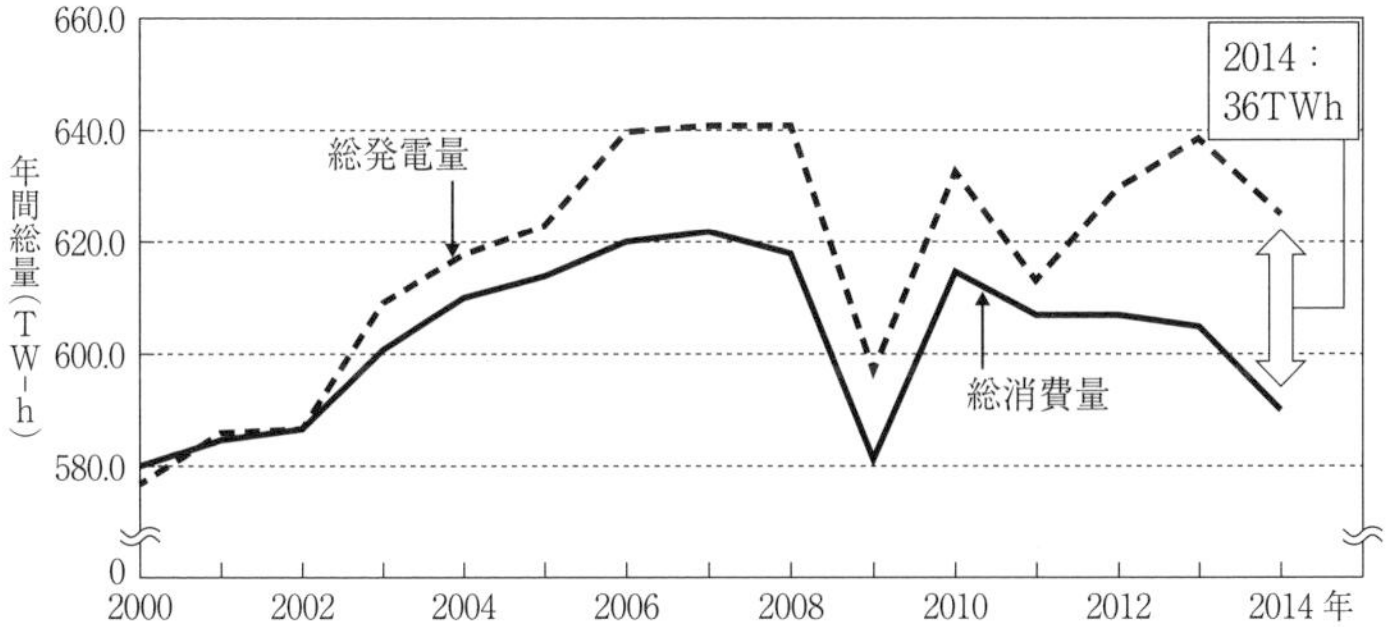

図 32　ドイツにおける発電量と消費量の変化(文献(56)の p.12 を基に作成)[(56)]

る。ドイツでは再生可能エネルギーの導入が進んだ結果、発電量が需要を大幅に上回る時間が増大している。図32は二〇〇〇年以降のドイツ国内における年間発電量と消費量のグラフであり、発電量が需要量を上回って余剰電力量がしだいに増大している。この余剰電力は送電会社による入札システムを通して近隣諸国とやり取りされるが、売電価格は大いに安くなる。入札市場における電力価格変動では、ときどきマイナスの価格となっていることがある。これは電力会社がお金を支払ってでも電力を買ってもらう(またはペナルティーを支払う)ことを意味する。電力市場ではこれまで再生可能エネルギーから優先的に購入しなければならなかったので、一番割りを食うのは発電調整のできない原子力発電となる。

最近ではこのアンバランスが大きくなりすぎたために、風力発電の一部を系統から解列してもよいルールとなった。そこで、この利用のできない電力や極端に安い電力を用いて、水を電気分解して水素を製造する、いわゆるパワー・ツー・ガスなる技術開発が始まっている。製造した水素は燃料電池自動車の燃料としたり、ガスパイプラインに混入したりして利用するのである。あるいは電力不足のときに燃料電池を用いて発電し、系統に電力として戻すことも可能だ。これは総合的な効率は落ちるものの、ガスの形で余剰電力を蓄電したことと等価となる。バッテリーに比べて総合効率は低下するが、長期間ロスなく保存できるので、その点はバッテリーよりもかなり有利となる。また、バッテリーは繰り返し寿命が比較的短いが、このシステムではその点の劣化はわずかである。一方、岩塩採掘後の坑道を多数保有するドイツでは、圧縮空気の形でエネルギー貯蔵を行う仕組みも導入されており、大容量電力貯蔵設備の構築が進

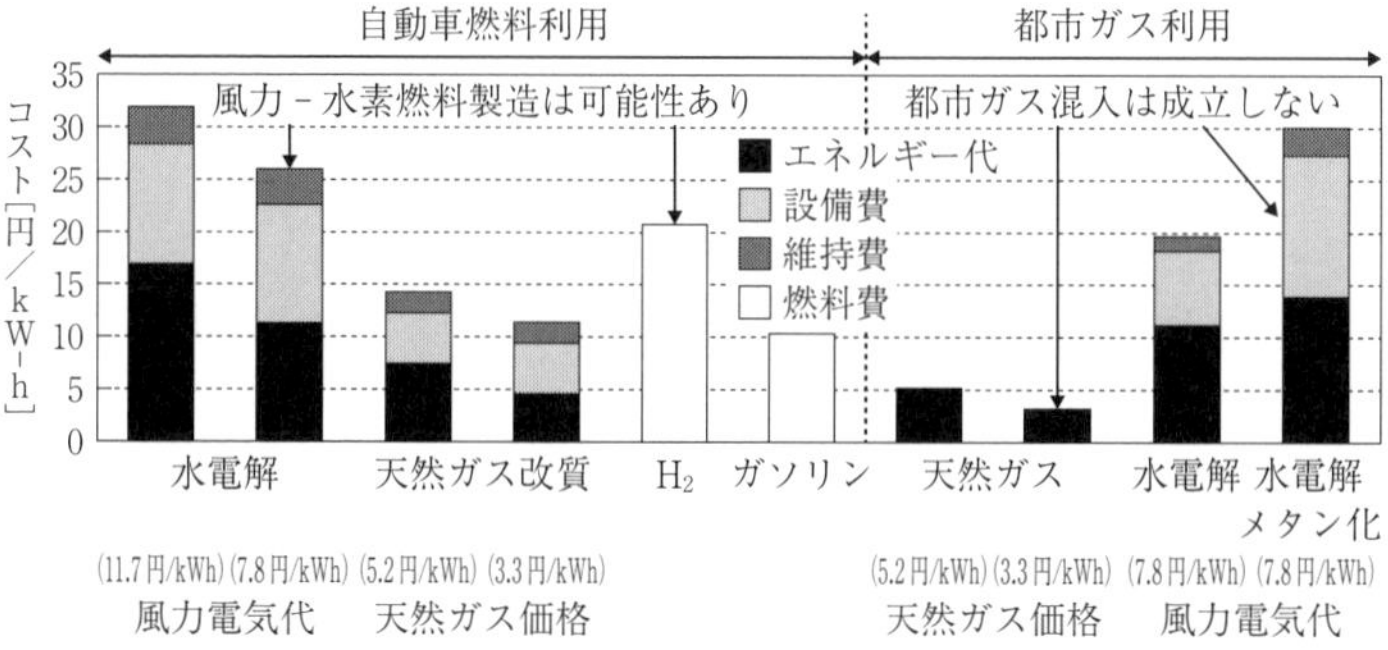

図33　ドイツにおける水素製造価格比較（ドイツ NRW 州エネルギー庁資料を基に作成）(57)

んでいる。

図33は余剰電力を用いてガス変換する際のコスト分析結果である。図の左半分には九ct（一一・七円）／kW‐hまたは六ct（七・八円）／kW‐hの風力による電力を利用して製造したパワー・ツー・ガス水素価格と、四ct（五・二円）／kW‐hもしくは二・五ct（三・三円）／kW‐hの天然ガスを用いて製造した水素価格が示されている。図より明らかなように、天然ガス改質による水素はパワー・ツー・ガス価格よりも割安となっている。しかし、この天然ガス改質水素を水素ステーションまで輸送して充填した場合には、中央に示した燃料電池自動車用の水素ステーションにおける水素価格までなってしまう。これに対してパワー・ツー・ガスは水素ステーションで直接製造できるので輸送コストが不要となる。さらにただの余剰電力を利用できる場合には、競争力をもちえるレベルにあることがわかる。

一方、図の右側はパワー・ツー・ガスを天然ガスパイプライン中に混入する場合の価格比較である。水素を直接混入させる場合の価格が右側から二番目であり、一番右はその水素と二酸化炭素を反応させて製造したメタンをパイプラインに混入した際の価格である。いずれも二・五ないし四ct／kW-h程度の天然ガス価格（右から三・四番目の棒グラフ）と比べて格段に割高であり、本試算ではガスパイプラインにパワー・ツー・ガスを混入する方法は経済的に競争力をもたないことがわかる。ただし、将来大量に再生可能エネルギーによる余剰電力が発生し、一方、天然ガス価格が上昇した場合には、パワー・ツー・ガスをパイプラインに混入し、コージェネレーション（ガスを燃料として発電を行う一方、排熱を熱利用する高効率な装置）で利用することも考えられる。

こうしたパワー・ツー・ガスの研究は、石炭関連産業の受け皿として研究開発されている側面もある。ドイツは石炭に恵まれており、石炭関連産業が発達している。しかし、二酸化炭素削減を推進するうえで、脱石炭火力発電の方向は避けられない。石炭火力発電所の排ガス中から二酸化炭素を分離回収し、地下貯留する技術（Carbon dioxide Capture and Storage：CCS）と組み合わせた場合の発電単価は再生可能エネルギーよりも割高となってしまう。そこで、石炭関連産業をパワー・ツー・ガスビジネスに転換し、雇用を確保しようというのである。ドイツ北部で大規模な風力発電を行い、そこで生じる余剰電力を南部に送電し、需要地で水素変換して運輸部門などで利用する一方、雇用機会を創出するわけだ。このような仕組みによって、再生可能エネルギーで電力をまかなうと同時に、余剰電力を利用して水素製造・利用する社会が形成されることに加えて、そうしたプロセスのなかに石炭産業関連労働者を組み込んでいこうというのである。前述したようにまだ十分にコストバランスが成立していないが、これが可能となる条件にしだいに近づいているといえる。二〇一七年六月に米国のトランプ大統領が、ピッツバーグなどの炭鉱労働者を守ることを掲げてパリ協定離脱を表明したのとは大きな違いである。

このようにドイツでは再生可能エネルギーの導入が進んでいるほか、その出力変動に対する技術開発も大いに進んでいる。さらに、雇用の創出も併せて考慮されている。

政治を動かす国民性の差異

以上より明らかなようにドイツ国民は脱原子力発電政策を選択し、それにともなう電力価格の上昇をしっかりと受け入れている。その結果、再生可能エネルギー技術が格段に進歩し、これから世界でエネルギー産業ビジネスを展開できるだけの力をつけるに至った。こうした方向づけを行うのに、早くから炭素税を導入し、炭酸ガスを排出する技術が割高となるようにした。その結果、石炭火力などは割高な電源になっている。

これに対してわが国では炭素税をほとんど導入しておらず、炭酸ガスに対するコストが基本的に低く扱われている。その結果、産業界からは今でも石炭火力の新設を求める圧力がかけられており、環境省もしかたなくこれを容認した。ドイツでは日本以上に石炭産業が盛んであるにもかかわらず、炭酸ガス削減のために石炭火力を閉鎖する方向にある。そして、炭坑関連労働者の雇用転換を目的として、余剰電力による水素製造技術の開発などを行っているのである。

これらの姿勢にドイツと日本の根本的な思想の差をみることができる。すなわち、両国の制約条件はほぼ同じであるにもかかわらず、炭酸ガス削減と脱原子力発電を目指す国民の心意気および政府の対策に大きな差がある。ドイツは安全や放射性廃棄物ならびに炭酸ガス放出量を重視するのに対して、日本は目先のコストと経済を重視している。すなわち、次世代にツケを残しても現在景気がよければよいという考え方が日本では強い。その結果、日本政府は直近の景気をよくすることだけに腐心し、炭素税の導入や再生可能エネルギーの積極的な導入を行わないでいる。

わが国で再生可能エネルギーの導入が進まない理由のひとつに、ベースロード電源という考え方がある。原子力や石炭火力を割安な電源と位置づけ、これを電源構成のなかで六〇%程度を占めようと設定している。このベースロード電源は優先的に概ね一定運転される。そうすると変動の大きな再生可能エネルギーの導入余地はごくわずかとなってしまう。

これに対して、ドイツにはベースロード電源なる考え方はない。ヨーロッパでは発電会社と送電会社が分離されており、送電会社は多くの発電事業者から入札により電力を購入する。この際、再生可能エネルギーから優先して電力を購入することを義務づけられている。すなわち、ベースロード電源はゼロに等しい。したがって、余剰電力が発生する場合には出力制御の困難な原子力や石炭火力の方がむしろ不利となり、ごく安い値段でしか電力を送電会社に売れないことになる。このことは再生可能エネルギーの導入を促進するうえで、決定的な違いとなる。

日本で再生可能エネルギー発電が進まない理由のひとつは、ベースロード電源があるために系統に連系できる設備量がすぐに上限値に達し、電力会社が接続を容認しないことによる。このように、電力政策の思想が日本とドイツではまったく異なっているのである。

わが国ではエネルギー価格の上昇に対して特に産業界からの反対が強く、政府は思い切った対策ができない要因のひとつとなっている。ドイツでも産業界からは同様な圧力がかかっているようであり、この点は類似している。特に、エネルギー多消費産業からこうした要望が強い。しかし消費者に近い商品を扱う産業では、炭酸ガス排出の少ないエネルギーを利用していることをアピールすることによって販売競争力を上げることができるようであり、この種の産業界からのエネルギー価格削減要求はそれほど強くはない。こうした産業カテゴリーの事情に対応して、エネルギー価格が設定されており、民生用価格は割高となっている一方、エネルギー多消費産業における価格は割安に設定されている。このような柔軟な対応によって、エネルギー価格が上昇しても、しっかりと産業競争力を維持しているのである。わが国で同様な政策を取ったならば、不公平な政策であるとして国民がまず反対するであろう。

このほか、ドイツはフランスの原子力発電電力を融通してもらえるから、このような大胆な再生可能エネルギー依存社会形成ができるのだと皮肉る人がいる。しかし、これはまったく正しくない。原子力発電は調整電力にはならないので、フランスの電力によって調整することはできず、変動分は基本的にほかの電力で調整しているのである。もちろん、フランスから送電された原子力発電による電力が一部を占めている時間があることはいうまでもない。しかし再生可能エネルギーに対する変動調整は、ヨーロッパ内にある原子力発電以外の電力で行っている。さらに、ドイツでは発電量が需要量を上回っており、フランスから大量の原子力発電電力を購入しているわけではない。

ヨーロッパではこの変動する電力に対して、バックアップ電力市場なるものをつくり、再生可能エネルギーの発電量が少ないときに、電力供給をスムーズに行えるような仕組みを用意している。そこでは、発電を行わない時間にも待機準備している必要があり、稼働率のきわめて悪いシステムとなる。このシステムが成立するように高い電力単価の市場が上手に形成されているのである。

以上、日本とドイツの差は再生可能エネルギー依存社会をつくろうとする国民の熱意の差ということができる。特段、ドイツが再生可能エネルギーの導入に有利であるというわけではまったくない。国民全体の意識がこのようになる背景はいったい何によるものなのだろうか。もともと人間の特性には大きな差異はないはずである。歴史か、宗教か、教育か、政治の仕組みか、はたまた報道の違いによるものなのであろうか。それともドイツ人は将来、再生可能エネルギーこそが世界をリードできるビジネスになりうることを見越し、その優位性を確保するために今から行動しているのだろうか。この要因は不明であるが、日本と異なってドイツでは目先のコストにとらわれず、将来にツケを回さない循環型社会の形成に積極的であることは確かである。

第九章　新時代に向けたエネルギー政策

雇用創出効果分析

これまで述べてきたように環境に優しいさまざまなエネルギー技術が既に多数開発されているにもかかわらず、それらは概してコスト高であるあるために積極的には採用されていない。そして相も変わらず自由経済原理の元で世界的に熾烈な競争が加速している。その結果として、脱化石燃料・脱原子力が進まないまま、コスト削減・人減らし競争がますます進行し、失業者が増える一方で貧富の格差が急速に広がっている。

こうした負のスパイラルを打破するひとつの手段としては、エネルギー自給能力の向上と雇用拡大効果の高い再生可能エネルギーの導入に対してより大きな投資を行い、雇用機会を拡大することによって、国民の購買力を高く保つことが効果的である。そうすると商品の価格が若干上がることにもなるが、雇用活性化によって高く保たれた消費者の購買力のために、経済が減速することにはならないものと考える。

なお、再生可能エネルギーの雇用拡大効果については、太陽電池や風車を自国で生産するかどうかによって大きな差が生じる。したがって、極力自国内で生産できるように誘導することが望ましい。しかし、仮に設備の大部分を海外から導入するとしても、設置や維持に対する費用は国内で循環することとなり、雇用創出効果は十分にある。

図34はわが国の輸出・輸入額とその主要な構成を示すものである。[58] 輸出の大部分を自動車(輸送用機器)、一般機器および電気機器が占めている一方、輸入は化石燃料(鉱物性燃料)、食

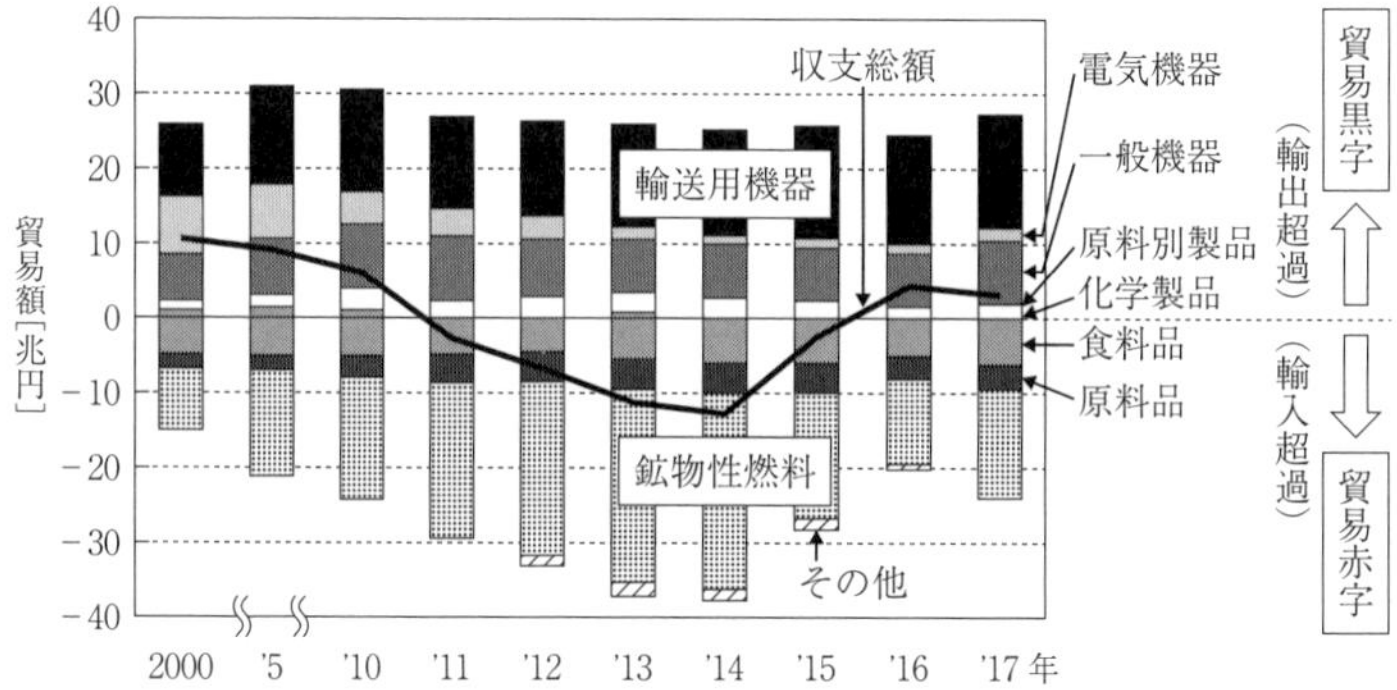

図 34　わが国の輸出・輸入構成（経済産業省/財務省「貿易統計」資料を基に作成）[58]

料品、および原料品が多くを占めている。なかでも化石燃料の輸入が、全体のかなりの部分を占めていることがわかる。これが自然エネルギーに代替するのだから、たとえ海外製の設備を輸入するとしても残りの金額が国内で循環することになるので、その雇用創出効果はきわめて大きいことが想像できる。

念のために水力、石炭火力、石油火力、天然ガス火力、天然ガスコンバインド、風力、および太陽光発電の設備費、維持費、燃料費を調べ、それらを概略国内と海外に振り分けてみた。表2はその結果であり、図19に示した解析におけるデータを用いた。この場合、燃料はすべて海外から調達するものとしたほか、風車と太陽電池の設備費は一〇〇％海外から購入するものとした。また、維持費はすべて国内業者に支払われるものとした。表より、（海外／国内）比率は水力がゼロであるほか、風力および太陽光発電は石炭火力と概略同程度であり、他の火力発電に比べて十分に小さなことがわかる。したがって、自然エネルギーが割高で

表2　原子力以外の発電にかかる設備費，維持費，燃料費(資源エネルギー庁資料と岡田・近久・田部(2019)データを基に作成)[59]

科　目	単　位	水　力	石炭火力	石油火力	LNG 火力	LNG コンバインド	風　力	太　陽
建設費	千円/kW	640	250	200	83.8	120	252	222
設備維持費	千円/(kW·年)	9.1	10	6.8	0.74	3.7	5.3	3.2
運用維持費	円/kW-h	2.3	1.7	2.6	0.3	0.6	3	2.6
燃料費	円/kW-h	0.2	9.1	22.5	16	14	0.3	0.2
稼働率	——	0.45	0.7	0.7	0.7	0.7	0.2	0.14
原価償却年数	年	40	40	40	40	40	20	30
年間設備費	円/(kW·年)	27,700	10,800	8,700	3,600	5,200	16,900	11,300
年間設備維持費	円/(kW·年)	18,200	20,400	22,700	2,600	7,400	10,600	6,400
年間燃料費	円/(kW·年)	800	55,800	138,000	98,100	85,800	500	200
国内経費	円/(kW·年)	46,700	31,200	31,400	6,200	12,600	11,100	6,600
海外経費	円/(kW·年)	0	55,800	138,000	98,100	85,800	16,900	11,300
海外/国内	——	0	1.8	4.4	15.8	6.8	1.5	1.7

注)設備費に対する年利を3%とした。また，水力，風力，太陽における燃料費は燃料ではなくランニングのための経費であり，国内経費とした。

あったとしても、従来の火力発電システムに比べて国内で循環するお金が増大し、十分に高い雇用創出効果があるといえる。

以上の分析に基づき、本章では再生可能エネルギーの導入によってこれまでよりも雇用創出効果が生じることを前提として、再生可能エネルギーを主体とした新しい社会づくり概念について論じる。

近世ヨーロッパのルネサンスと現代社会

ヨーロッパでは古代ギリシャやローマ文明が栄えた後、キリスト教を中心とした文化が現れ、それが長く続いた。このキリスト教文化は整然と秩序だっているものの、キリスト教を唯一の価値観として押しつけ、多少封建的で暗い中世の文化であった。こうしたなかで、イタリアを中心に一四世紀から一六世紀にかけてルネサンスと呼ばれる文芸復興活動が起こった。これは型にはまったキリスト教文化を打ち破り、古代ギリシャ・ローマの学問・知識の復興を目指そうとした文芸活動である。こうした活動は、結果として単に古代の文化に回帰するのではなく、近代につながる新しい文化を数多く開花かせ、現代の科学や芸術の大いなる発展につながった。現代の世界が享受している文化や科学はこのルネサンスから生まれたといってよいだろう。

今私たちがいる世界は自由資本主義を基本的な価値観に据え、社会基盤を形づくっている。そして、便利さと豊かさを追求した結果、資源が消費されつくされる一方、大気中に膨大に炭酸ガスを放出し、地球環境が危険な状態になりつつある。さらに豊かさを追求していたはずが、時代の進展とともにその富は少数の人間に集中するだけで、多くの人が低賃金や貧困に苦しみ始めている。すなわち、産業革命以降の第一段階では生産性の向上が人々の生活を豊かにし、活気ある繁栄がしばらく続いた。しかし、やがて生産が過剰となり、過剰商品を売りさばくために価格低減競争が熾烈に行われるようになった。その結果、人件費の削減競争が始まり、多くの失業者や低賃金労働者が新たに生まれつつある。こうした閉塞感漂う先進国における状態は、一定のルールにおいて閉塞状態となった中世のキリスト教文化時代に似ているように思われる。私たちはこれに続くルネサンスの到来を待ちわびている状態にあるといえる。

エネルギー構成の変革

大規模火力発電所や原子力発電所で大量に電力を生産するのもこれまでの社会の特徴である。これに対して、再生可能エネルギーを主体にした社会づくりは、エネルギー形態を大きく変えるものである。しかも、再生可能エネルギーの生産と利用にはこれまでよりも多数の労働力が投入されるので、雇用促進効果が大きい。したがって、再生可能エネルギーの導入を推進することは、自然と調和しながら豊かな雇用を生む新しい可能性がある点で、価値観を変えたルネサンスに類似した意義がある。これまで価値観の中心となっていた自由資本主義・価格崇拝主義に対して、再び労働集約的な産業構造を実現しようとする点で価値観変革運動といえる。そう考えると、再生可能エネルギーをベースとする社会システムづくりは単なるエネルギーシフトにとどまらず、価格崇拝主義を排して環境と雇用の観点からコスト高なシステムを選択しようとする新たなメカニズムを含んでいる。

ただし、市民がコスト高のエネルギーを選択するには、何らかの仕組みが必要である。そもそも社会は性能や利便性と価格のバランスから最適なものが選択されている。こうして形成された社会のなかに、新たに過剰な炭酸ガスが環境汚染物質として悪影響を及ぼすようになってきて、それを問題にし始めているのだ。それならばこのような汚染物質には環境負荷税なるものをかけて、コスト高にすれば経済原理から自ずとそれに適した社会形態が形成されるのは明らかである。そもそも、新たな問題が生じてきたのであるから、価格体系もそれに合致したものにすべきなのである。それを技術開発頼みだけで新しい理想技術を導入しようというのは、多少虫がよすぎる話なのだ。

新エネルギーシステム論

そこで私は再生可能エネルギーをベースとした社会インフラづくりとそれによる新しい経済メカニズムの実践概念を「新エネルギーシステム論」と名づけ、さまざまな場を借りて説明してきた。ここで改めて当面選択すべきエネルギーの望ましい方向性について考えてみよう。

図35はふたつの異なった視点からみた経路を示している。現在から選択可能な道をたどっていく見方（フォアキャスティング）と、将来の望ましい社会をまず描き、そこに到達するための道のりを逆算する見方（バックキャスティング）の視点である。

まず、フォアキャスティング的な見方をすると、私たちはたぶんこれまで通り天然ガスやウ

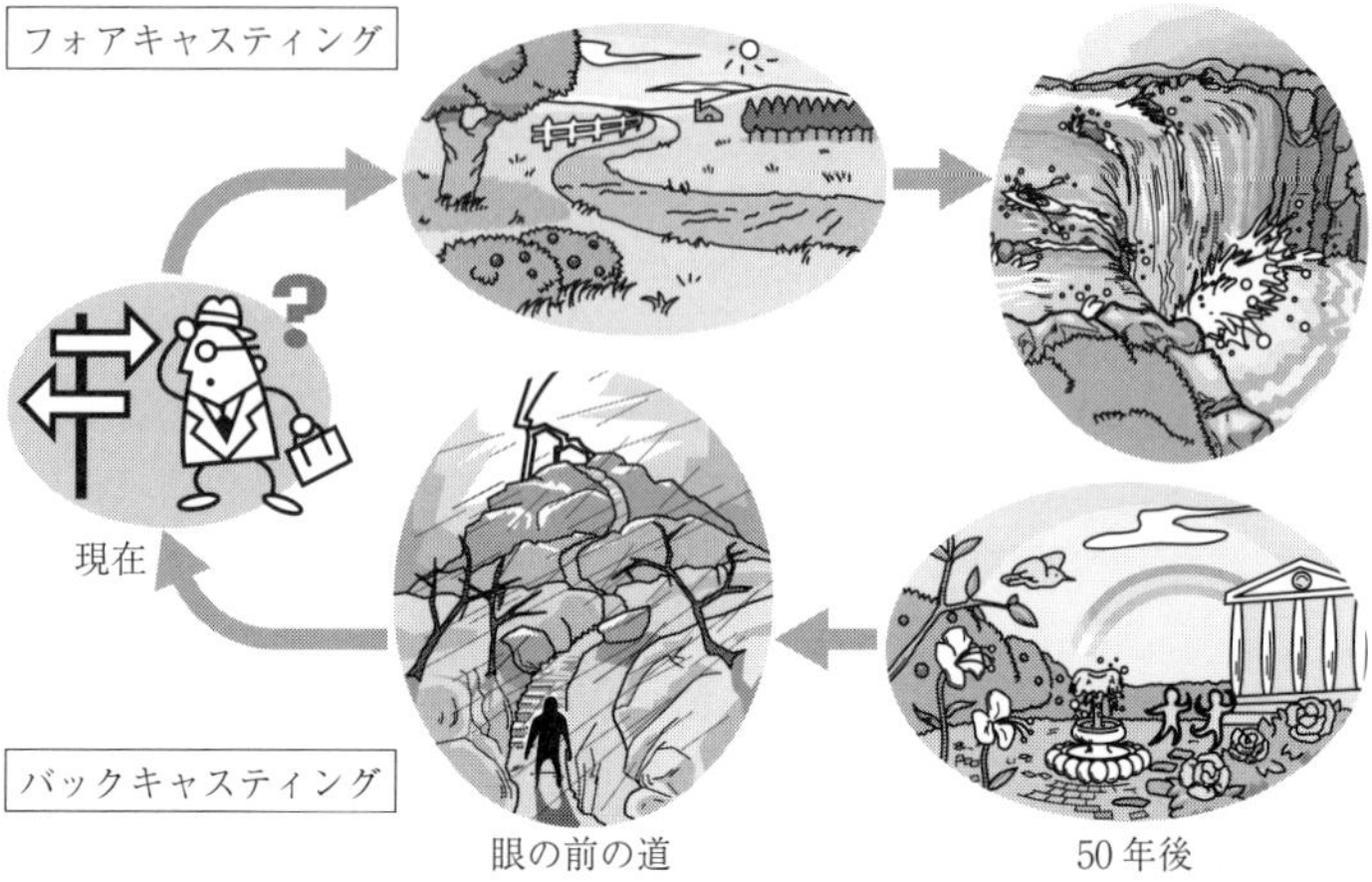

図35　見方の異なるふたつの選択肢の行く末(近久, 2014より)(25)

ランを使い、さらにシェールガスやメタンハイドレードなど新しい化石燃料にも手をだしながら、エネルギー供給し続けるだろう。これが今まで通りのやり方で、容易だからだ。そうすると二〇年後ぐらいには、地球環境が相当悪化するほか資源も乏しくなる状況が待っている。あたかも穏やかな川を下っているボートの先に、この図が示す滝が待っているような構図だ。

一方、将来から逆算する「バックキャスティング」的な見方をするために、五〇年後に理想的な社会をまず設定しよう。私は「豊かな雇用と活気に満ちあふれた生産活動のある社会」、「再生可能エネルギーが主体となった持続可能エネルギー社会」を、目指すべき理想社会像と考えている。再生可能エネルギーに依存した社会をつくれたならば、私たちは外国から石油や天然ガスを購入する必要がなくなるし、環境にも当然優しいわけだ。しかも再生可能エネルギー産業による雇用も充実することになる。こうした社会に到達するための道筋を現在まで遡って考えてみると、安い化石燃料や原子力を使うことをやめ、少々割高となっても再生可能エネルギーを選択しなければならない。すなわち、これまで通りの楽な道を捨てて、価格の高い険しい道をわざわざ選択しなければならない。この図を見る限りどちらの道を選択すべきか明らかであるが、その実現のためには人間の欲を賢明にコントロールしなければならない。

ここで議論となるのは、価格の高い再生可能エネルギーに依存しながら豊かな経済を維持することが可能かということである。さらに、再生可能エネルギーで必要なエネルギーを賄おうとした場合、国土の大部分が風車や太陽電池で覆われるようなことにならないだろうかという疑問も生じる。

第四章および第五章でも論じたように、経済を活性化するうえで多少価格が高いことはかならずしも悪いことではない。また、東京や大阪などの大都市には再生可能エネルギーに融通できる土地はわずかであるが、日本全体でみると十分な土地があり、しかも必要となる国土面積もそれほど大きなものにはならない。それでもなお、エネルギー価格の上昇は経済競争力を低下させ、日本の経済発展が減速するという意見が必ずでるので、エネルギー価格に的を絞り改めて議論することにしよう。

なお、再生可能エネルギーの拡大に際して環境保護の観点から反対を受けることがしばしばあると聞く。この点については景観に配慮しながら機器を設置する配慮が必要といえよう。また今後、性能面に加えて環境と調和するような機器類の開発も必要といえるだろう。再生可能エネルギーは地球環境的に自然ともっとも調和したエネルギー技術であり、この点を理解した合意形成が望まれる。

持続可能な経済発展

現在私たちが支払っているエネルギー代の多くは燃料代として単に海外に流出している。それを再生可能エネルギー設備の拡大に投入することによって、私たちが支払ったエネルギー代の多くが国内の雇用増大に向けられることになる。再生可能エネルギーは設備コストが大きな割合を占め、その設備の生産から設置およびメンテナンス過程で雇用が増える。現在よりもエネルギー代は高くなるかもしれないが、現在に比べてはるかに大きな資金が国内で循環することになるので、経済はむしろ活性化する。

これに対して、エネルギーコストの増大は国際競争力を落とすことになるという意見が大きい。確かに再生可能エネルギーの導入促進はエネルギーコストを上げることになるが、原子力発電が停止してから八年が経過し、エネルギー代は明らかに増大しているにもかかわらず経済競争力が落ちたという話は聞かない。また、ドイツの民生用電力価格は第八章で説明したようにわが国の一・七倍近くも高いにもかかわらず、経済は活性化している。さらに、エネルギーコストの増大が輸出競争力に影響を及ぼす点については、そのコスト上昇変化が穏やかであれば緩やかな為替レートの修正機能によって円安に変化し、そのハンディキャップは軽減されるはずである。さらに産業用と民生用のエネルギー価格を操作し、エネルギーコストの増大分が産業価格に影響しないように操作することも実際には可能である。したがって、よくいわれるようにエネルギー価格の増大は輸出競争力を落とすというのは、実際にはあまり問題ではない。

消費者はわずかな値上がりに対しても敏感である。しかしエネルギー価格の増大といってもその上昇の割合はわずかであり、個人の携帯電話代に比べるとエネルギー代は少しでしかない。また貧困層を救うには、エネルギー消費量に合わせてエネルギー価格を累進的に設定すれば解決する（現在も既に電気料金は概略累進体系になっている）。そうした、わずかのコスト増を許容できさえすれば、地域経済の活性化ならびに雇用の増大と環境の改善とを同時に手に入れることができるのである。

これまで述べてきたように、世界の現状をみると従来の自由競争経済は限界にきており、格差社会と多くの貧困層を生みだしている。安定した経済を形成するには、人々が必要とする基本的なものを中心として生産と消費の主体が形成されているのが望ましい。その中心は食料であり、エネルギーである。再生可能エネルギーをベースとした社会インフラづくりをすることによって、人々が本当に必要とするものを介して雇用を拡大しながらお金が国内で循環し、従来の資本主義の限界を打ち破ることができる。

変革のための新たな仕組みづくり

新しいエネルギー構造社会の形成に際して難しいことは、新たに有利となる分野がある一方で、これまでと比べて不利になる産業がでてくることである。たとえば、原子力発電を縮小する場合には関連産業が不利益を受けるし、再生可能エネルギーを積極的に導入した場合には、従来の電力会社の売上げが減少することになる。その場合には、明らかに不利益を被る人たちからさまざまな反対論や、変化を妨げようとする動きがでる。したがって、不利益を被る業界が新しい仕組みのなかで別途利益をえられるように誘導する配慮が必要である。あるいは時間をかけてゆっくりと条件を変化させ、産業構造がそれに対応できるように誘導しなければならない。

電力とガス供給の領域に関して自由競争の仕組みが導入されつつあるが、ここで理解すべきことは「市場の大きさは一定」であることだ。エネルギー需要が増えることにはならない。したがって、自由競争原理を導入することは、この限られた市場を自由に奪い合う仕組みを導入したにすぎない。再生可能エネルギーやガスを利用したさまざまな新電力が増えることは、その分、既存の電力会社の利益を縮小することになる。そのような仕組みでは電力会社の協力をえられるはずはなく、系統を利用した柔軟な電力融通の仕組みはできない。そうではなくて、電力会社が新電力ビジネスに積極的に参入するようにし、その仕組みのなかでガス会社や電力会社が相互に協力していくような仕組みを考えることが適切なやり方といえる。今のままでは、再生可能エネルギーが増えると、必ず系統電力の安定に支障がでるという理由で、接続が制限されることになる。もし、電力会社が再生可能エネルギービジネスで利益を上げることができるならば、さまざまなバックアップ電力設備も積極的に導入されるはずである。政府はこのような仕組みが形成されるように政策誘導することを考えるべきである。

たとえば、コージェネレーションなどはその典型的なものになりえる。電力会社がコージェネレーションの普及で利潤をえられるようにするならば、熱需要に合わせた運転が可能となり、余剰電力を系統に逆潮流することも可能となる。そうすると、コージェネレーションの総合的な効率と炭酸ガス削減効果は二倍程度となることは第七章で説明した通りである。また、ガス会社はこの際必要なガスを供給することになるので、電力会社とガス会社がともにウィン・ウィンの関係になることができる。さらに、風車や太陽電池を電力会社が設置することにより利潤をえられるならば、コージェネレーションの制御によって再生可能エネルギーに起因する電力変動を緩和するような仕組みを導入することにも積極的になるはずである。

現在の仕組みでは、電力会社がこのようなビジネスを行うことが制限されており、望ましい形にはなりえない。電力会社が保守的と批判されることが多いが、これは電力会社のせいというだけではなく、制度上の問題によるところも大きいといえる。

一方、再生可能エネルギーを増やすことによって国内で循環するお金が増加し、経済が活性化すると述べたが、その効果をより大きくするためには設備類が国内で生産されることが望ましい。現状では国産よりも海外産の太陽電池や風車の方が割安であるので、海外産の機器類が輸入されることになる。このためには関税をかけることが簡単であるが、関税はなかなか自由に設定できない。そこでたとえば、国産のエネルギー機器にさまざまな補助金をだしたり、国産ブランドを前面にだして、そうしたエネルギー機器の購入を推奨するキャンペーンをしたりするなどを考えてみてはどうだろうか。いずれにしても、国産の太陽電池や風車が国内で広がっていくようにすることは重要なポイントである。

具体的エネルギー政策の提案

社会を新しいエネルギー形態に誘導していくには、政策がきわめて重要である。たとえば、西欧のように炭素税を導入したり、再生可能エネルギーに対するＦＩＴ（固定価格買取制度）を導入したりするのがひとつである（ＦＩＴは日本でも導入されている）。その場合には、有利となるエネルギー形態が変化し、再生可能エネルギーの導入速度が顕著に変化する。逆にいうならば、自然に任せて何らの政策も導入しなければ、個人や一部企業の努力のみによって前述したような社会に移行することは不可能といえる。さらに重要なこととして、再生可能エネルギーの導入に積極的な国が近い将来有利となることに先進国の多くが気づき始めているのである。

以上を勘案しながら、具体的なエネルギー政策について考えてみよう。再生可能エネルギーの導入を促進するには、炭素税を導入することが明らかに効果的である。これは大元《おおもと》のエネルギー（一次エネルギー）の炭素量に応じて税金をかけるやり方である。石炭や石油は炭酸ガスを多く発生するので、高い炭素税を支払わなければならない。一方、原子力や再生可能エネルギーは炭酸ガスを発生する量がごくわずかなので、炭素税はほとんどかからない。そうすると、炭酸ガスを多く発生するエネルギーは割高となるので、再生可能エネルギーや原子力発電が有利となる。さらに、炭素税による税収を再生可能エネルギーの導入や省エネルギー技術に対する支援に回せば、さらにそれらを促進することができる。

炭素税の導入はエネルギー価格を上昇させることになるので、産業界から反対がでるものと思われる。また、国民もエネルギー価格が上昇するので反対する人も多く現れるだろう。しかし、これまで何度も説明してきたように、こうした価格影響は実際にはわずかであるほか、新しい雇用創出や経済発展の視点から有意義なのである。この点、西欧では一九九〇年代から炭素税が導入されており、特段大きな反対はない。

次に「ベースロード電源」なる考え方をやめることである。わが国ではエネルギーを安く安定的に供給するために、ベースロード電源として原子力と石炭火力を位置づけ、それを優先して発電することとなっている。二〇一五年にだされた経済産業省のエネルギー計画によると、二〇三〇年における電源構成のなかで原子力を二〇～二二％、石炭火力を二六％にすると記載されており、じつに五〇％をこのふたつの電源で優先して供給する計画となっている。これは再生可能エネルギーの導入を促進するうえで、大きな障害となる。すなわち、ベースロード電源が二四時間、しっかりと発電しているので、再生可能エネルギーが入り込める余地は残りの需要分を埋める程度にしか導入できない。

また、時間や季節によって変動の大きな再生可能エネルギーの導入を促進するには、それらを優先して電力系統に導入させ、その変動を天然ガス火力などによる調整電源でカバーすることが必要である。さらに、大型蓄電池や水素製造によって余剰電力を貯蔵・変換することが有効である。そうした電力調整設備に対する優遇市場を形成する政策も併せて導入する。また、原子力については減価償却が十分に終了しているはずの耐用年数四〇年を厳守し、その後の廃炉計画をしっかりと実行するように指導する。

一方、導入が検討されている発送電分離の仕組みづくりはきわめて重要である。送電会社には再生可能エネルギーを優先して買い取らせるか、もしくはそれが有利となるようにＦＩＴ価格を設定することが大きな鍵となる。この点の積極性が低いようなルールでは、単に価格の安い電力が優先して取引されることになり、場合によってはこれまで以上に炭酸ガスが増大することにもなりかねない。したがって、これらの点に配慮した発送電分離の制度を導入する。

現在、電力会社内で送電会社と発電会社に移行する人員の振り分けが行われつつある。この場合、競争がなく安定した送電会社に移行を希望する人が多いと聞く。発電会社はさまざまな新電力会社と競争していかなければならないほか、ある程度の電力供給義務を負わせられる可能性があるからである。発電部門が活気をえるには、さまざまな省エネルギー技術や環境調和型の発電技術が利潤の高いビジネスとして成立するような仕組みの導入が必要である。風力や太陽電池を電力会社が積極的に設置し、有利な価格で送電網に供給できるほか、余剰分によって水素を製造し、水素供給ビジネスまで手がけるようなビジネスモデルの創出誘導政策を検討する。

このほか、現在、太陽電池や風力発電に出資する仕組みは限られており、たとえば屋根をもたないマンション住まいの人は、太陽電池を設置したくてもできない。そこで、政府や地方自治体の支援によるファンド会社を設立し、そこに投資したならば自分の屋根に太陽電池を設置したと同様な権利を購入できるようにする。これによって、現在よりもはるかに大きな資金を再生可能エネルギーインフラ形成に向けることができる。しかも、条件の限られた戸建て住宅の屋根に太陽電池を設置するよりも、はるかに有利な条件で設置可能な土地を利用することもできる。あるいは再生可能エネルギー関連会社の株を買うことで応援できるような仕組みの優遇策創設も有効であろう。

また、再生可能エネルギーの余剰分を水素に変換して利用することは、変動の大きな再生可能エネルギーの拡大に有意義である。この場合、現地で水素製造をし、遠く離れた消費地まで輸送することはあまり合理的ではない。それよりも系統電力線を利用して消費地の近くで水素製造する方がはるかに有利である。そして消費地の近くで圧縮水素として水素ステーションに供給すれば、水素の液化などに要するエネルギーを格段に少なくすることができる。ここで問題となるのは系統電力線の電圧変動と容量であるが、この点についても発電側と水素製造側の同期調整を行う仕組みを形成し、系統に対する負荷を軽減する。

さらに、系統を利用した分散協調型コージェネレーションネットワークの実現のための仕組みを導入する。コージェネレーションの電力系統への接続を容易にするために、現在の発電事業者がコージェネレーションビジネスに参加できるようにするほか、それが有利となるような価格設定とする。さらに、コージェネレーションネットワークが調整電源の機能をもつような設定とする。

以上、具体的なエネルギー政策の一例を示したが、このほかにもさまざまな手法があるものと思う。大切なことは、環境調和型のエネルギー技術が有利となるようにし、しかも雇用の促進に配慮した政策を行うことである。そのために、産業移行のスムーズな誘導に配慮する一方、近視眼的な反対に惑わされないリーダーシップが政策に求められる。特に発送電分離に際する仕組みづくりは当面の大きな鍵である。

炭酸ガス削減のためのもっとも容易な世界的合意形成法の提案

地球温暖化を抑制するために、気候変動枠組条約締約国会議（ＣＯＰ）が毎年開催されている。一九九五年にＣＯＰ１（第一回ＣＯＰ）がベルリンで開催された後、これまで約二〇年にわたって温室効果ガス削減のための国家間の綱引きが行われ、ようやく二〇一五年のパリ協定に至った。パリ協定の内容は、世界の平均気温上昇を二℃未満に抑えることを目標に、すべての国が排出量削減目標をつくり、提出することを義務づけるものとなっている。それでも国によって目標のレベルが異なっており、十分に有効な合意とはいいきれない。そこで、私はもっと簡単で有効な方法を提案したい。

図10においてわが国のＧＤＰと一次エネルギー消費量の相関図を示したが、オイルショック時にエネルギー価格が高騰しエネルギー消費が顕著に抑制されたにもかかわらず、ＧＤＰは変わらずに成長していた。一般に経済界はエネルギー価格の高騰を嫌うが、この事実は世界的に一律にエネルギー価格が上昇した場合には経済影響はほとんどないことを示している。したがって、世界的に同様な率で炭素税を付加することを合意できたならば、公平な経済影響を保

証しながら炭酸ガス削減に対する効果は絶大となる。気候変動枠組条約締約国会議において、各国の炭酸ガス削減目標を議論するよりも、世界的な炭素税の税率を議論した方がよほど効果的といえる。ただし、そのままでは産油国が大反対するだろうから、炭素税の一部を産油国に還元すればよい。資源を大切にし、しかも産油国の利潤が増えるのであるから、産油国の賛同をえられるのは間違いない。

したがって、気候変動枠組条約締約国会議では炭素税率と産油国への還元率に関してのみ議論すればよいのである。炭素税は国際的に設立した機関によって、石油や天然ガスの産出時に徴収するものとすれば作業はじつに容易である。また、こうしてえられた税収は、一部を産油国に還元した後、さまざまな利用が可能である。世界的な貧困対策に用いてもよいし、国際紛争の根絶のための資金に利用することも良案である。あるいは、石油や天然ガスの消費量に応じて、一部を消費国に還元してもよい。もともと消費者が税金を払ったことに相当しているので、この方法は合理的といえる。それらの国では、その資金を用いてさまざまな政策を行うことができる。二〇一七年六月に米国のトランプ大統領が炭鉱労働者を保護するとしてパリ協定離脱を宣言したが、これについても労働者対策に炭素税を活用すればよいのである。

現在、炭素税を導入している国があるが、税率の設定はきわめてセンシティブで、国民の反対を大いに受ける。これに対して、燃料の生産元で税金を徴収されたのであれば、世界的な燃料価格が上昇したことと等価であって、国際的に公平であるので国民の反対は少ないだろう。こう考えると、じつに簡単ですばらしい提案と思うが、どうだろうか。

第一〇章　豊かな社会を築くための教育

本書はエネルギーを対象としたものであって、雇用や教育とは一見無関係である。しかし、提案する新エネルギーシステム論によって雇用豊かな競争力のある持続国家を形成するには、教育がもっとも重要になる。この点、わが国の現在の教育行政には不安な点が多数あり、なんとも心もとない。そこで、本章では持続可能な社会形成のための教育について論じる。

雇用を重視した発想の転換

第三・四章で論じたように、市場に比べて生産力が格段に向上した現代において、従来型の自由競争を続けることは「人減らし競争」を行うことであり、多くの失業者を生みだすことになってしまう。一方、自殺率と失業率の相関から論じたように、人間の幸福にはしっかりとした雇用が確保されていることが重要である。そこで、失業者をつくらないためにはワークシェアなる概念の導入が必要となる。一人当たりの労働時間を削減し、これまでと同じ数の労働者によって同一の生産を行おうとするものである。仮に、全体的な賃金を同一に保てるならば、各労働者は少ない労働時間でこれまでと同一の賃金を獲得できることになる。

こうした手法は消費者（＝労働者）の購買力を高く保つうえでも効果的となる。さらに、個人の自由時間が増え、たとえば北欧のように長期の夏のバカンスがあったり、完全週休二日制（あるいは三日制）となり、こうした休みの時間を利用して家族団らんをすごしたり読書を楽しんだりすることも可能となる。

しかし、グローバル競争をしている多くの企業において、仮にこのような人員の余裕がある場合には、従業員数を削減して全体的な労働賃金を縮小することによって競争力を高く保とうとする。したがって、今のままでは決してこのような夢のような社会形態にはならない。

社会ルールの必要性

では北欧では何故、夏のバカンスを楽しんだりすることができるのだろうか。北欧や西欧では週末に開いているデパートや二四時間営業のコンビニエンスストアーなどはほとんどなく、休日に店を開けると住民からむしろ非難されると聞く。すなわち、安息日に働くことは罪なのだ。こういった慣習は、消費者視点から不便さはあるものの、働く側からすると結果的に余裕のある生活がもたらされることになる。

では北欧・西欧諸国は国際的な競争力が低下しているかというと、決してそうではないことは現状をみればわかる。これはコスト低減競争をしなくても、自動的に為替レートがそうした状態を許容するように修正されるためと思われる。すなわち、コスト削減を極力進めた場合には一時的に輸出が増えるが、長い目でみると為替レートが上がり、輸出競争力は結局のところ元に戻ってしまう。この場合、円高のために同じものを輸出しても獲得できる収益は少なくなってしまうので、仮に売上げは維持されたとしても利益は減少してしまうこととなる。これに対して、北欧のようにバカンスを多くとり、ワークシェアを推進して同一の商品製造に多数の人数を投入した場合には、一時的にコストが上昇し商品競争力が低下するものの、長期的には為替レートが低下し、輸出競争力は再び維持されることになる。

混乱を起こさずにこの自動修正機能を働かせるためには、できるだけゆっくりと変化させることが有効だ。再生可能エネルギーの導入促進は雇用効果をもつ一方で、エネルギー価格を上昇させる可能性があるが、これについてもその価格変化がゆっくりとしたものになるように調整すればよい。導入スピードの制御はもちろんであるが、たとえば産業用のエネルギー価格の上昇がわずかになるようにし、その分、民生用のエネルギー価格上昇を大きくするのもひとつである。その場合にはもちろん、生活弱者の救済策も併せて行うのはいうまでもない。そうすると、徐々に為替レートが変化し、国内のエネルギー価格が高くなった分が補正される。しかも、再生可能エネルギーの増加により国内雇用が増加し、商品や賃金の望ましい地域循環が促進されることになる。現在、デフレ解消および円安誘導をはかるために盛んに公定歩合の引き下げを行い、紙幣発行を増やしているが、輸出を増加させようと努力している限り、最終的に円安にはならない。むしろ、再生可能エネルギーの導入を促進し、徐々にエネルギー価格を上げた方が理想的な円安状態に近づくように思う。

したがって、グローバル競争と称して目先の利益を追求した場合には、結果的に一生懸命働くものの、決して余裕のある社会にはならない。これに対してワークシェアを進め、できるだけ余裕のある雇用体制を維持した場合には、競争力が落ちずに国民は豊かな生活ができる。この場合、為替レートが低いので、海外旅行をするには割高になるが、自国の製品は輸入製品に比べて競争力をもち、好ましい状態で安定するものと思われる。

では、世界的に競争が激しくなるなかで、多くの国民が雇用にありつき、しかも労働時間を短縮するような社会を、単なるワークシェア概念で本当に形成できるのだろうか。一企業だけでは難しいだろう。国民みんなが揃って同一のルールで動けるようにしなければならない。たとえば、前記の北・西欧におけるデパートの例に戻ると、国民全体に安息日なる概念があるから成立しているのである。そのような概念のない日本において日曜日にデパートを閉めていたのでは、その企業は潰れてしまう。しかし、日曜日はヨーロッパと同じように休むことを国のルールにしたならば、どのデパートでも同様な条件で競争が行われることになる。

したがって、先見性のあるルールを国民全体に適用するならば、そうした社会づくりも可能になるものと思う。それを行うのは政治であり、行政である。長期的な視点で理にかなった制度を考え、導入してもらいたいものである。

ガラパゴス化社会における教育の重要性

前述したように中期的に為替レートで自動調整機能が働くとしても、長期的にみた場合、海外で熾烈なグローバル競争が行われているなかで、国内ルールによって競争を緩和した国が長く技術競争力を維持できるのだろうかという疑問が生じる。「ガラパゴス化」という言葉がある。競争が緩やかな孤立した環境のなかで最適化が進行すると、エリア外との互換性を失って取り残されるだけでなく、外敵の侵入に対してきわめて脆弱となることをいう。私たちはガラパゴス化することを恐れ、馬車馬のようにグローバル競争のなかで戦うことを強いられているのだが、この点はどう考えるべきなのだろうか。

プロのスポーツは競争であり、それに例えると、現在の労働状況はチーム内外の競争を煽り、人を消耗品のようにセレクションしていくやり方に相当する。しかし、そのようなチームが常に優勝してきたかというと決してそうでもない。若手をしっかりと育成したチームが長い目でより多く優勝してきたように思う。すなわち、小さな子供たちのレベルから適切な指導を行って、バランスよく選手を育成することが競争力を保つひとつの方法といえる。これは教育の重要性を意味する。子供たちの学習能力は旺盛で、この世代の教育が国力につながることは容易に理解できる。したがって、国際競争力を維持するために大切なことは教育であって、優秀な外国人を集めて単に競わせるだけでは、長い視点で技術競争力の高い国になるとは思われない。子供たちの教育を充実させ、創造力豊かな人材の育成に努めたならば、たとえ社会全体がのんびりとして競争が穏やかであっても技術競争力は十分に維持できるものと思う。

大切なことは頭と心の育成である。形だけ競争力をもつ人材を育成しグローバル競争を展開するような国は、心が貧相で長く繁栄するとは思われない。若人教育において、真に豊かな判断力と創造力にあふれ、さらに人間性豊かな国民を育てることに注力したならば、たとえガラパゴスのような環境にあったとしても、グローバル競争のなかで生き残っていける国になると思う。北欧は社会保障が充実し、日本よりも競争の少ない国であるはずだが、技術競争力が低下しているようには思われない。北欧社会の教育水準はもっとも高いといわれており、こうした分析とよく符合する。

近視眼的教育の危うさ

日本は自由競争の典型的な米国を理想型として、これまでそれを追い求めてきた。たしかに米国は世界をリードしている面が多数あり、模倣しようとするのも理解できる。しかし、世界のなかでもっとも大きな格差社会の国であることも事実である。悪いことに、日本は国情や背景が違うにもかかわらず、形だけ米国の模倣をしている。

たとえば、米国は流動社会であり、大学においても成績によって大学間を在学中に比較的スムーズに移動できるような仕組みになっている。仕事も流動的であり、さまざまな雇用機会が用意されていて、転職は珍しくない。これに対して日本の社会背景はまったく異なっている。退学などによって大学間を移動する場合には改めて入学試験を受けなければならないし、再就職の機会もかなり限定的である。それにもかかわらず、教育現場では米国の大学を模倣して成績の厳格化と学生の質の保証が求められつつある。これを厳格に実行したならば、成績の振わない学生のいく道はなくなってしまう。派遣労働者制にしても同様である。労働者の流動性を高める一方、人件費の削減による企業競争力の向上を目指したものと思うが、雇用機会の流動性は日米でまったく異なっているのである。

それにもかかわらず、米国的な競争原理を導入し、たとえば大学においては二〇〇三年に国立大学法人化の導入を行い、大学評価に応じて大学の運営費交付金が決まるように変更された。その結果、大学教員は自身の業績を上げ、研究費を獲得することに躍起となったが、実際には大学のレベルは逆に低下してしまい、昔に比べて業績が低下したといわれている。これは社会風土の違うわが国に米国的な競争原理を単純に導入し、教員全体を疲弊させたことが一因と思われる。昔に比べて現在の学生は成績評価も厳格化され、よく勉強するように仕向けられている。しかし、勉強するよりも友人といっしょに飲み歩き、青春を謳歌していた先達たちが、世界競争のなかで欧米と肩を並べて十分に高いレベルで競争していたことも事実である。企業において現在活躍している人たちは大学生活を自由奔放に謳歌し、人間的な活力を強めた人が多い。また、近年日本はノーベル賞の連続獲得に沸き立っているが、これもそのような昔の風土に根ざした大学から生まれたものである。

ガラパゴス化しながら競争力を維持するための人材教育を考えるうえで、ひとつの考えるべき側面ではなかろうか。

重要な怠けものアリ

働きアリの世界では、働きのきわめて悪い二割程度のアリがいることが最近わかってきた[60]。北海道大学農学部の長谷川英祐准教授らによって、働きアリを長期にわたって観察した研究によるものである。この二割の働かないアリを隔離すると、今度は働いていたはずのアリから、また二割が働かなくなるようである。一方、すべてのアリが必死に働くよりも、働かないアリがいる場合のほうが、集団は長く存続できるという。これは働かないアリがいる集団では、働き者が疲れたときに怠け者アリが今度は活発に働き始め、組織の労働力がゼロにならないためだという。長谷川准教授曰く、「組織運営に当たり、長期的存続の観点を含めて考えることの重要性が示された。会社で働かないと思われている人も、相対的に腰が重いだけで、ピンチとなれば活躍する可能性はある[60]」。

この話を聞くと、今の日本が追い求めている社会はむしろ滅びる方向にあるように思う。アリ同様、人間にもちょっと余裕があったほうがいいようだ。今後の大学衰退の期間を経て生き残れるのは、こうした一見働きの悪いようにみえる教員を排除せずに抱えることができる大学ではなかろうか。

以上をまとめると、今後繁栄した国家を築くにはいきすぎた競争を抑制し、できるだけ多くの人が職をえられるようにワークシェアリングし、高い製品価格（安売りではなく適正なという意味）を容認しながら、極力地産地消できる社会構造を形成することと思う。さらに、教育を充実し、競争が穏やかな社会のなかにあっても、ガラパゴス化せずに高い技術競争力を維持できるように若者たちをしっかりと教育することである。こうした作業の主体は政治と行政であり、国民ができることはわずかである。しかし、そうした政策を取ることを国民が後押しし、またそれにともなう負担を国民が受け入れることこそが行政を動かすための原動力であり、まさに国民ができることである。

現代社会が直面しつつある従来型の経済競争原理の行き詰まりを打開するうえで、再生可能エネルギーの導入促進はまさにそのけん引力となる。本書の読者がこうした思想に共感し、新エネルギーシステム論の実現と繁栄した持続可能社会の形成を後押しして頂けるならば、まことに幸いである。

引用文献一覧

（1）世界終末時計(Doomsday Clock)。一九四七年に米国の科学誌'*Bulletin of the Atomic Scientists*'の表紙絵として誕生し、その時点で人類滅亡まで後七分と表示されたのが始まり。https://thebulletin.org/doomsday-clock/ （最新アクセス日：2018.12.5）

（2）ＩＰＣＣ報告書。JT Houghton, Y Ding, DJ Griggs, M Noguer, PJ van der Linden, X Dai, K Maskell, CA Johnson. *Climate Change 2001: The Scientific Basis: Contribution of Working Group I to the Third Assessment Report of the Intergovernmental Panel on Climate Change* (881pp. Cambridge University Press, Cambridge, 2001) https://www.ipcc.ch/report/ar3/wg1/ （最新アクセス日：2018.12.23）

（3）地球温暖化影響研究会編『地球温暖化による社会影響—米国ＥＰＡレポート抄訳』（技報堂出版、一九九〇年）

（4）「地球クライシス」（ニュートン　別冊、一五八頁、教育社、一九八九年八月一〇日）

（5）たとえば次のホームページにある地球の写真「Nasa blue marble.jpg」 https://commons.wikimedia.org/wiki/File:Nasa_blue_marble.jpg （最新アクセス日：2018.10.30）

（6）ステファン・ボルツマン式による発光スペクトル曲線、および炭酸ガス・水蒸気の吸収帯を、下記ホームページを参考に作成。 http://www.fintech.co.jp/hikaributuri.htm （最新アクセス日：2018.11.11）, https://ja.wikipedia.org/wiki/温室効果 （最新アクセス日：2018.11.11）

（7）気象庁「気候変動監視レポート二〇一七　世界と日本の気候変動および温室効果ガスとオゾン層等の状況」 http://www.data.jma.go.jp/cpdinfo/monitor/2017/pdf/ccmr2017_all.pdf （最終確認日：2018.11.4）

（8）朝日新聞デジタル二〇一七年一二月一九日「「科学界の一〇人」に米長官　その皮肉な理由とは」 https://www.asahi.com/articles/ASKDL3V1HKDLULBJ004.html　（最新アクセス日：2018.11.4）

（9）アル・ゴア著、枝廣淳子訳『不都合な真実』（二五四頁、二〇頁、ランダムハウス講談社、二〇〇七年）

（10）毎日新聞二〇一六年一月八日朝刊「福島県　避難者一〇万人割る　公営住宅入居進み」 http://mainichi.jp/articles/20160109/k00/00m/040/033000c　（最新アクセス日：2018.10.30）

（11）復興庁「復興の現状」（一九頁、平成二七年三月一〇日） http://www.reconstruction.go.jp/topics/main-cat1/sub-cat1-1/20150310_genjyo.pdf　（最新アクセス日：2018.12.7）

（12）福島民報ホームページ　http://www.minpo.jp/pub/topics/jishin2011/2018/03/post_15857.html　（最新アクセス日：2018.12.7）

（13）朝日新聞二〇一七年二月一九日朝刊二面

（14）G igazine net HP「チェルノブイリ原発事故の立ち入り禁止区域では今何が起きていて、福島では何が起きるかもしれないのか」 http://gigazine.net/news/20140406-forests-around-chernobyl/　（最新アクセス日：2018.10.30）。元々の情報はSmisonian.comの〝Forests Around Chernobyl Aren't Decaying Properly〟 https://www.smithsonianmag.com/science-nature/forests-around-chernobyl-arent-decaying-properly-180950075/　（最新アクセス日：2018.10.30）

（15）小池拓自「高レベル放射性廃棄物処分の課題―使用済燃料・ガラス固化体の地層処分」（国立国会図書館レファレンス、№七七九　小特集「原子力政策の中長期的課題」、六四頁、八八頁（平成二七年一二月号））。国立国会図書館デジタルコレクションホームページ　http://dl.ndl.go.jp/view/download/digidepo_9578219_po_077904.pdf?contentNo=1&alternativeNo=　（最新アクセス日：2018.12.18）

（16）資源エネルギー庁「高レベル放射性廃棄物処分について」（「参考資料」、二頁（平成二五年五月）） http://www.meti.go.jp/committee/sougouenergy/denkijigyou/houshasei_haikibutsu/pdf/25_01_s01_00.pdf　（最新アクセス日：2018.12.7）

（17）広瀬隆『原発ゼロ社会へ！新エネルギー論』（二三〇頁、集英社新書、二〇一二年）

（18）資源エネルギー庁「原子力発電」（総合資源エネルギー調査会発電コスト検証ワーキンググループ（第三回会合）資料一、平成二七年三月） http://www.enecho.meti.go.jp/committee/council/basic_policy_subcommittee/mitoshi/cost_wg/003/pdf/003_05.pdf （最新アクセス日：2018.12.7）

（19）独立行政法人石油天然ガス・金属鉱物資源機構（ＪＯＧＭＥＣ）『鉱物資源マテリアルフロー二〇一一年ウラン』（三八四頁、二〇一二年） http://mric.jogmec.go.jp/wp-content/old_uploads/reports/report/2012-05/41.U_20120619.pdf （最新アクセス日：2018.12.7）

（20）下記ホームページの図を参考に作成。現在はアクセスができない。 http://www.atomin.go.jp/website/siryoukan/atom/sa/so/zoshoku.html

（21）広瀬 隆『原発ゼロ社会へ！新エネルギー論』（五四頁、集英社新書、二〇一二年）

（22）電気事業連合会「原子力発電の現状について」（第三八回原子力委員会資料第三一号、二〇一六年一二月一日） http://www.aec.go.jp/jicst/NC/iinkai/teirei/siryo2016/siryo38/siryo3-1.pdf （最新アクセス日：2018.12.7）

（23）JS Dugdale "*Entropy and its Physical Meaning*"（p.86, Taylor & Francis, London, 1996）

（24）トマ・ピケティ著、村井章子訳『トマ・ピケティの新・資本論』（二五六頁、二八一頁、二九五頁など、日経ＢＰ社、二〇一五年）

（25）近久武美「北海道における持続可能なエネルギーインフラ形成と経済振興」（吉田文和・荒井眞一・佐野郁夫編著『持続可能な未来のためにⅡ—北海道から再生可能エネルギーの明日を考える』、一〇一－一二〇頁（第五章）、北海道大学出版会、二〇一四年）

（26）産総研太陽光発電研究センターホームページ「エネルギー・環境領域補足資料　太陽光発電のエネルギーペイバックタイム・CO_2ペイバックタイムについて」 https://unit.aist.go.jp/rcpv/ci/about_pv/supplement/supplement_1.html （最新アクセス日：2018.12.7）

（27）寺西俊一（編）『新しい環境経済政策—サステイナブル・エコノミーへの道』（一九頁、東洋経済新報社、二〇〇三年：原図出所：（財）日本エネルギー経済研究所計量分析部編『エネルギー・統計経済要覧』（（財）省エネルギーセンター））

（28）図11は総務省、国税庁、厚生労働省の下記ホームページからのデータを基に作成。平均給与：国税庁「民間給与実態統計調査結果」 https://www.nta.go.jp/publication/statistics/kokuzeicho/jikeiretsu/01_02.htm 失業率：総務省統計局「労働力調査 長期時系列データ（基本集計）」（表2 就業状態別一五歳以上人口） https://www.stat.go.jp/data/roudou/longtime/03roudou.html#hyo_1 自殺率：厚生労働省「平成二九年の年間速報値／警察庁の自殺統計に基づく自殺者数の推移等」 https://www.mhlw.go.jp/stf/seisakunitsuite/bunya/hukushi_kaigo/shougaishahukushi/jisatsu/jisatsu_year.html 一九七七年以前は「年次統計／厚生労働省の人口動態調査」 https://nenji-toukei.com/n/kiji/10043/ （最新アクセス日はいずれも：2018.12.27）

（29）世界経済のネタ帳「日本のGDPの推移」最終更新日二〇一八・一〇・一七／SNA（国民経済計算マニュアル）に基づいたデータ http://ecodb.net/country/JP/imf_gdp.html （最新アクセス日：2018.12.5）

（30）Ezra F. Vogel. "*Japan as Number One: Lessons for America*"（272pp. Harvard University Press, Cambridge, May 1979：広中和歌子・木本彰子訳『ジャパン アズ ナンバーワン—アメリカへの教訓』、三一〇頁、TBSブリタニカ、一九七九年五月二一日）

（31）落語「花見酒」（落語あらすじ辞典 千字寄席） http://senjiyose.cocolog-nifty.com/fullface/2005/05/post_63c4.html （最新アクセス日：2018.12.5）

（32）財務省貿易統計「輸出入総額の推移」（一九五〇-二〇一七）より作成。 http://www.customs.go.jp/toukei/suii/html/nenbet.htm （最新アクセス日：2018.12.5）

（33）環境省のホームページに掲載のエックス都市研究所・アジア航測・パシフィックコンサルタンツ・伊藤忠テクノソリューションズの報告書「平成二二年度再生可能エネルギー導入ポテンシャル調査報告書」（平成二三年度環境省委託事業、平成二三年三月） https://www.env.go.jp/earth/report/h23-03/full.pdf （最新アクセス

日：2018.12.5）
（34）下記資料を基に図を作成。環境省「平成二二年度再生可能エネルギー導入ポテンシャル調査報告書」（分割版七頁、第二章、平成二三年三月）https://www.env.go.jp/earth/report/h23-03/chpt2.pdf（最新アクセス日：2018.11.17）
（35）一般財団法人高度情報科学技術研究機構ホームページ「平成二一年度わが国の原子力発電所の時間稼働率および設備利用率」http://www.rist.or.jp/atomica/data/dat_detail.php?Title_No=12-01-01-31（最新アクセス日：2018.12.5）
（36）札幌市環境局「札幌地域における持続可能なエネルギー利活用調査業務報告書」（一四三頁、平成二四年三月）
（37）環境省「平成二二年度再生可能エネルギー導入ポテンシャル調査報告書」（九九頁、一一二頁、平成二三年四月）https://www.env.go.jp/earth/report/h23-03/chpt4.pdf（最新アクセス日：2018.11.4）
（38）坂口健司「人工衛星からみえるスルメイカのイカ釣り漁場」（「試験研究は今」No.五六〇、北海道立総合研究機構水産研究本部、二〇〇六年一月一二日）https://www.hro.or.jp/list/fisheries/marine/o7u1kr000008fh9.html（最新アクセス日：2018.11.4）
（39）エネルギー・環境会議コスト等検証委員会「コスト等検証委員会報告書」（六二頁、平成二三年一二月一九日）https://www.cas.go.jp/jp/seisaku/npu/policy09/archive02_hokoku.html（最新アクセス日：2018.11.20）
（40）Agora Energiewende '*Understanding the Energiewende: FAQ on the ongoing transition of the German power system*'（p.19, 2015. 10）https://www.agora-energiewende.de/fileadmin2/Projekte/2015/Understanding_the_EW/Agora_Understanding_the_Energiewende.pdf（最新アクセス日：2018.11.4）
（41）Agora Energiewende '*Insights from Germany's Energiewemde: State of affairs, trends and challenges*'（2016.11）https://energiaklub.hu/files/news/christian_redl_-_germany.pdf（最新アクセス日：2018.11.4）

(42) 高橋尚也・田部 豊・近久武美「北海道における風力・太陽光発電の大量導入に向けた変動対策技術の効果と長期導入シナリオ解析」（第三三回エネルギーシステム・経済・環境コンファレンス講演論文集、エネルギー資源学会、二〇一七年）
(43) 資源エネルギー庁総合資源エネルギー調査会発電コスト検証ワーキンググループ「発電コストレビューシート」（平成二七年七月一六日） http://www.enecho.meti.go.jp/committee/council/basic_policy_subcommittee/#cost_wg （最新アクセス日：2018.11.20）
(44) 岡田季樹・近久武美・田部 豊「北海道における風力・太陽光発電大量導入時の発電・運輸部門内最適システム構成解析」（第三五回エネルギーシステム・経済・環境コンファレンス講演論文集、エネルギー資源学会、二〇一九年）
(45) システム技術研究所「脱炭素社会に向けた長期シナリオ 二〇一七―パリ協定時代の二〇五〇年日本社会像／WWFジャパン 温室効果ガス削減シナリオ二〇一七」（WWFジャパン研究委託報告書、二〇一七年二月） http://www.wwf.or.jp/activities/uploads/170215LongTermEnergyScenario2017_Final_rev1.pdf （最新アクセス日：2018.11.20）
(46) 戒能一成「日本の地域間連系送電網の経済的分析」（RIETI Discussion Paper Series 05-J-033、独立行政法人経済産業研究所、二〇〇五年一一月） http://www.rieti.go.jp/jp/publications/dp/05j033.pdf （最新アクセス日：2018.11.20）
(47) 国土交通省「新幹線を造るには一体どれくらいのお金がかかるのですか?」 http://www.mlit.go.jp/tetudo/shinkansen/shinkansen6_QandA.html （最新アクセス日：2018.12.5）
(48) 赤澤眞之・鈴木研悟・田部 豊・近久武美「コジェネレーションの分散協調ネットワーク化によるコストおよび二酸化炭素削減効果解析」（日本機械学会論文集、八二巻八三六号、一五-〇〇四四二、一-一四頁、二〇一六年）
(49) 資源エネルギー庁「我が国のエネルギー政策の変遷」（図6、平成一六年度エネルギーに関する年次報告（エネルギー白書二〇〇五）、二〇〇五年） http://www.enecho.meti.go.jp/about/whitepaper/2005html/0-2.html （最新アクセス日：2018.12.5）

（50）環境省「二〇一一年度（平成二三年度）の温室効果ガス排出量（速報値）について」（三頁図２、平成二四年一二月） https://www.env.go.jp/press/files/jp/21129.pdf （最新アクセス日：2018.12.5）

（51）資源エネルギー庁「今後の原子力政策について」（総合資源エネルギー調査会基本政策分科会第七回会合資料一、三頁、平成二五年一〇月） http://www.enecho.meti.go.jp/committee/council/basic_policy_subcommittee/007/pdf/007_002.pdf （最新アクセス日：2018.12.17）

（52）経済産業省「長期エネルギー需給見通し」（二頁、三頁、四頁、七頁、平成二七年七月） http://www.meti.go.jp/press/2015/07/20150716004/20150716004_2.pdf （最新アクセス日：2018.12.5）

（53）藤沢裕美「日本のエネルギー政策の現状 その一」（一 エネルギー政策の構造、二 日本のエネルギー政策の変遷、松下政経塾・塾生レポート、一九九六年一二月） http://www.mskj.or.jp/report/276.html （最新アクセス日：2018.12.5）

（54）資源エネルギー庁ホームページ「電力の小売り全面自由化って何？」 http://www.enecho.meti.go.jp/category/electricity_and_gas/electric/electricity_liberalization/what/ （最新アクセス日：2018.12.5）

（55）フリー百科事典『ウィキペディア』「ドイツの原子力発電所」 https://ja.wikipedia.org/wiki/ドイツの原子力発電所 （最新アクセス日：2018.12.5）。原典は WIKIPEDIA '*Liste der Kernreaktoren in Deutschland*' https://de.wikipedia.org/wiki/Liste_der_Kernreaktoren_in_Deutschland

（56）Agora Energiewende '*Insights from Germany's Energiewende*'（2015.11）（二〇一五年一一月近久らが視察訪問時に入手。参考として下記ホームページに類似した図があるが、二〇一三・二〇一四年の値が多少異なっており、図32の方が新しい）。Agora Energiewende '*Insights from Germany's Energiewende: Seminar of the Energy Commission of the Swedish Parliament*'（2015.6） http://www.sou.gov.se/wp-content/uploads/2015/05/Graichen_Stockholm_Energy-Transition_03062015.pdf （最新アクセス日：2018.12.17）

(57) ドイツＮＲＷ州エネルギー庁による資料'*Hydrogen in North-Rhine Westphalia, EnergieAgentur. NRW*'（二〇一五年一一月近久らが視察訪問時に入手。参考として下記ホームページを参照） https://www.hkd.mlit.go.jp/ky/ki/renkei/ud49g7000000keer-att/H27_2_04.pdf （最新アクセス日：2018.12.17）

(58) 経済産業省「製造業を巡る現状と政策課題―Connected Industries の深化」（八頁：（資料）財務省「貿易統計」、産業構造審議会製造産業分科会（第六回）資料三、平成三〇年三月） http://www.meti.go.jp/committee/sankoushin/seizou/pdf/006_03_00.pdf （最新アクセス日：2018.12.17）

(59) 表2は引用文献（43）資料および文献（44）で用いたデータを基に設備費、設備維持費、運用維持費ならびに燃料費を算出し、それらを国内経費および海外経費に振り分けた。

(60) 日本経済新聞ディジタル二〇一六年二月一六日に掲載された北海道大学・長谷川英祐准教授の英科学誌電子版に発表された研究紹介記事

(61) 朝日新聞二〇一八年二月二八日朝刊

おわりに

パリ協定は二〇五〇年ごろまでの地球温暖化を一・五℃未満に抑えるための努力目標を掲げたものである。これに関して、ある新聞にその実現には五〇年ごろまでに温室効果ガス排出を「実質ゼロ」に前倒しする必要があることが記載されていた[61]。当然ながら、この努力は早く行うほど結果的に総合的な対策費用は少なくてすむのは明らかである。そして、これを遅らせるほど後世の人たちが支払わなければならない負担は膨大となる。そのように考えると、私たち世代の行動は地球の将来を左右するかもしれず、きわめて重要である。わずか二世代くらいの期間に大量の炭酸ガスと放射性廃棄物を生みだし、それを今後何万年もの期間にわたって後世の負担にしようというのだから。

社会は急速に複雑化しており、選択すべき方向がなかなかみえない。しかし、私たちが目先の視点でどんなに物事を論じても、時代は本来あるべき方向に遅かれ早かれ向かうことになる。エネルギー分野に論点を絞った場合、将来は明らかに自然の循環のなかでエネルギー利用する再生可能エネルギーが主体となった世界になるのは自明である。

最近、中国仏教の思想で空海や親鸞なども説いたという「草木《そうもく》国土《こくど》悉皆《しっかい》成仏《じょうぶつ》」、すなわち草木も国土（石や土）もことごとく皆仏となる思想について知る機会があった。一方、仏教などには輪廻転生観、すなわち生まれ変わり（循環）に関する思想がある。この視点が合体して、生き物や自然を含めたすべてのものが循環し、成仏することを昔の人は感じとっていたように思う。四季が変わらずに繰り返されることが平穏であり、生も死も含めた受容の境地を感じたのではなかろうか。こう考えるならば、循環を基本とする自然エネルギーはまさに安寧社会につながるものと思う。一〇〇〇年以上前の人と比べて私たちははるかに賢くなっていると思っているが、実際には昔の人の方が賢く、悟りを開いていたのかもしれない。少なくとも後世の人たちから、現代の人間の愚かさとその残した負の遺産を恨まれるようにはなりたくないものである。時代の方向を左右する転機に私たちがいるとしたならば、その重い責任は私たちにかかっているといえる。

本書の出版にあたり、経済や雇用に関する考察において北海道大学経済学研究院の須賀宣仁准教授から多数のご助言をいただきました。また、友人たちにも出版に関して種々ご協力をいただきました。さらに、原稿執筆の過程で妻や娘からは読者の視点に基づいた助言のほか、さまざまな励ましをもらいました。ここに特記して、これらの方々に対して心より謝意を表します。

二〇一九年一月二四日　　近久　武美

近久武美（ちかひさ たけみ）

1954年北海道石狩郡当別町に生まれる。
北海道大学大学院工学研究科博士課程修了　工学博士（北海道大学）
1982年から北海道大学工学部機械工学科において講師，助教授，教授，
北海道大学大学院工学研究院エネルギー環境システム部門特任教授を
経て，現在，北海道職業能力開発大学校校長・北海道大学名誉教授
研究分野　機械工学，熱工学，内燃機関，燃料電池

新しいエネルギー社会への挑戦――原発との別れ

2019年3月25日　第1刷発行
2019年10月10日　第2刷発行

著　者　近久武美

発行者　櫻井義秀

発行所　北海道大学出版会
札幌市北区北9条西8丁目 北海道大学構内（〒060-0809）
Tel. 011（747）2308・Fax. 011（736）8605・http://www.hup.gr.jp

㈱アイワード

ISBN978-4-8329-7417-3